面向技术标准化的中国核工业组织协同关系治理研究

唐 庆 著

中国原子能出版社

图书在版编目（CIP）数据

面向技术标准化的中国核工业组织协同关系治理研究/唐庆著．—北京：中国原子能出版社，2021.3

ISBN 978-7-5221-1328-9

Ⅰ.①中… Ⅱ.①唐… Ⅲ.①原子能工业-企业组织-工业企业管理-标准化-研究-中国 Ⅳ.①F426.23-65

中国版本图书馆 CIP 数据核字（2021）第 054784 号

面向技术标准化的中国核工业组织协同关系治理研究

出　　版	中国原子能出版社（北京市海淀区阜成路 43 号　100048）
责任编辑	张书玉
装帧设计	崔　彤
责任校对	宋　薇
责任印制	赵　明
印　　刷	北京厚诚则铭印刷科技有限公司
经　　销	全国新华书店
开　　本	787 mm×1092 mm　1/16
印　　张	14
字　　数	211 千字
版　　次	2021 年 3 月第 1 版　2021 年 3 月第 1 次印刷
书　　号	ISBN 978-7-5221-1328-9　　**定　　价　66.00 元**

网址：http：//www.aep.com.cn　　**E-mail：atomep123@126.com**

发行电话：010-68452845

摘　要

从产业哲学的角度来看，产业的本质是生产社会化，既在制度层面上实现人与社会关系的协调，又在技术层面上实现人与自然关系的协调。因此，任何一个产业组织都具有社会与经济的双重属性。核工业作为高科技战略产业，是国家安全的重要基石，既通过保障国家安全实现其社会属性，又通过装备与技术水平的提升及对相关产业的带动来实现其经济属性。

中国核工业经历六十多年的发展，装备能力和技术水平均得到长足的进步，基本具备保障国家安全这一崇高使命的实力。就产业结构来看，我国核工业呈现出寡头格局，核工业内各集团彼此间博弈呈现出以追求自身利益最大化的个体理性、不协同的集团组织间关系等问题，既阻碍了核工业集体理性与社会属性的实现，又影响其经济属性的发挥。

本书针对核工业组织个体理性与集体理性的矛盾，以实现组织协同，保障集体理性及社会属性的实现为主要研究目的，取得以下研究成果：

第一，通过对中国核工业的属性及特征、技术与组织、技术标准化与组织协同的内涵剖析，揭示了以国家利益为根本的社会属性是核工业组织的首要属性，技术标准化是促进核工业组织协同的有效途径；以技术标准化作为规范技术与研发行为的技术制度，不仅能有效促进集团间组织协同，也可以获取更好的规模效应。通过专家访谈揭示了面向技术标准化的组织协同的四个主要影响因素为：政策、平台、分配、动力。其中，政策是影响组织协同的外部因素，动力影响是组织协同的内部驱动因素，平台和分配是组织间关系协同的重要因素；结合协同行为、协同绩效，基于中国核工业的首要属性和实现组织协同的有效途径，参考“SCP”模型构建了面向技术标准化的中国核工业组织间协同的“四因素两阶段”模型。

第二，通过对302份专业人士有效问卷的建模分析，在“四因素两阶段”模型的基础上揭示了政策、平台、分配、动力对组织协同的作用机理及路径。作用机理表现为：由于社会属性的首要存在，政策引导下形成的组织动力必然决定性影响组织间协同行为及绩效，同时政策与动力也必然通过组织间合作方式的差异影响并传导至平台与分配，进而形成了组织协同的作用路径。

研究表明，政策对协同行为的间接影响最大，政策是方向、原则；动力对协同行为的直接影响最大，动力是关键、驱动；平台对协同绩效的直接影响最大，是提供资源的根本和基础；分配对协同绩效的直接影响较大，影响积极性、协同动力和整体绩效。作用路径为“政策—动力—协同行为—协同绩效”体现集体理性的作用路径，以及“政策—动力—平台—分配—协同行为—协同绩效”体现个体理性的作用路径，集体理性作用路径是传递效率更高的作用路径。

第三，通过对核工业组织是否参与协同进行演化博弈分析，验证了两条作用路径的存在，并揭示了政策因素是影响核工业组织协同的第一因素。在政策因素充分发挥作用的条件下，组织将做出满足集体理性的协同选择；在政策因素没有充分发挥作用的条件下，组织将在个体理性利益比较的前提下，做出是否参与协同的行为选择，在此条件下收益、信任、奖惩、分配将对参与协同的选择产生影响。为了增加个体理性作用路径实现组织协同的概率，书中提出了增强政策因素、发挥平台作用、做好利益分配等策略建议。研究得出，当核工业承担有关国家安全的重要任务时，必须得到政策的充分保障，实现集体理性以满足社会属性；当承担体现经济属性的任务时，组织间应在技术标准化规制下，通过合理有效竞争体现个体理性并满足集体理性，促进产业健康发展。

最后，结合中国自主三代核电技术“华龙一号”技术标准化实证研究，表明目前中国核工业在国家政策效应没有充分发挥作用情况下，核工业组织在通过个体理性作用路径参与组织协同，按个体利益进行抉择，本书提出充分发挥政策引领作用、推进“华龙一号”批量化建设体现规模效应、充分发挥技术规制作用、做好知识产权保护与评估、增强合作共赢集体理性思维等保障集体理性下体现个体理性治理策略，以促进产业健康发展满足国家战略发展要求。

Abstract

From the perspective of industrial philosophy, the essence of industry is the socialization of production, which realizes the coordination between human and social relations at the system level and between human and nature at the technical level. Therefore, any industrial organization has the dual properties of society and economy. As a high-tech strategic industry and an important cornerstone of national security, the nuclear industry realizes its social attribute by guaranteeing national security, and realizes its economic attribute by improving the level of equipment and technology and driving the related industries.

After more than 60 years of development, China's nuclear industry has made great progress in both equipment capacity and technology level, and basically has the strength to guarantee national security, the lofty mission of social attribute. In terms of industrial structure, China's nuclear industry presents an oligarchic pattern. The game among various groups in the nuclear industry presents individual rationality in pursuit of self-interest maximization, and uncoordinated inter-group relations, which not only hinders the realization of collective rationality and social attributes of the nuclear industry, but also affects the play of its economic attributes.

Aiming at the contradiction between individual rationality and collective rationality of nuclear industry organization, this book aims to realize organizational collaboration and guarantee the realization of collective rationality and social attributes, and obtains the following research results:

First, through the analysis of the nature and characteristics of China's nuclear industry, technology and organization, technology standardization and organization collaboration, it is revealed that the social attribute based on national interests is the primary attribute of nuclear industry organization, and technology standardization is an effective way to promote the coordination of nuclear industry organization. Taking technology standardization as the technical system to regulate technology and R&D behavior can not only effectively promote inter-group coordination, but also obtain better scale effect. Through expert interview, four main influencing factors of organizational synergy for technology standardization are revealed as follows: policy, platform, distribution and motivation. Among them, policy is the external factor that affects organizational synergy, dynamic influence is the internal driving factor of organizational synergy, platform and distribution are the important factors of inter-organizational relationship synergy. Combined with synergistic behavior and synergistic performance, based on the primary attribute of China's nuclear industry and the effective way to achieve organizational synergism, a "four factors and two stages" model of inter-organizational synergism for technology standardization of China's nuclear industry was established by referring to the "SCP" model.

Secondly, through the modeling analysis of 302 valid questionnaires of professionals, the book reveals the mechanism and path of policy, platform, distribution and motivation on organizational synergy based on the model of “four factors and two stages” . The mechanism of action is as follows: due to the primary existence of social attributes, organizational motivation formed under the guidance of policies will definitely have a decisive impact on inter-organizational collaborative behavior and performance; meanwhile, policies and motivations will also influence and transfer to platform and distribution through the differences in inter-organizational cooperation modes, thus forming the path of organizational synergy.

The results show that policy has the greatest indirect effect on collaborative behavior, and policy is direction and principle. Motivation has the greatest direct influence on collaborative behavior, and motivation is the key and driving force. Platform has the greatest direct impact on collaborative performance and is the fundamental and foundation for providing resources. Distribution has a great direct impact on collaborative performance, affecting enthusiasm, collaborative motivation and overall performance. The action path of “policy-motivation-synergistic behavior-synergistic performance” reflects the action path of collective rationality, and the action path of “policy-motivation-platform-distribution-synergistic behavior-synergistic performance” reflects the action path of individual rationality. The action path of collective rationality is the action path with higher transmission efficiency.

Thirdly, through the evolutionary game analysis of whether the nuclear industry organization participates in the synergy, the existence of two action paths is verified, and it is revealed that the policy factor is the first factor affecting the nuclear industry organization synergy. Under the condition that the policy factors play a full role, the organization will make a collaborative choice that satisfies the collective rationality. Under the condition that policy factors do not play a full role, the organization will make the behavioral choice of whether to participate in synergy on the premise of rational interest comparison of individuals. Under this condition, income, trust, reward and punishment, and distribution will have an impact on the choice of participation synergy. In order to increase the probability of individual rational action path to achieve organizational synergy, the book puts forward some strategic suggestions, such as strengthening policy factors, giving play to the role of platform, and doing a good job in profit distribution. It is concluded that when the nuclear industry undertakes important tasks related to national security, it must be fully guaranteed by the policy and realize collective rationality to meet the social attributes. When undertaking tasks that reflect economic attributes, organizations should reflect individual rationality and meet collective rationality through reasonable and effective competition under the regulation of technical standardization, so as to promote the healthy development of the industry.

Finally, combined with the empirical study on the standardization of China's independent third-generation nuclear power technology "HPR1000", it is shown that the nuclear industry organizations in China are participating in the organization coordination through individual rational action path and making choices according to individual interests under the circumstance that the national policy effect has not been fully exerted. This book puts forward policy leading role into full play and promoting the construction of "HPR1000" mass scale effect, give full play to their role as the technical regulation, do a good job in the protection of intellectual property rights and evaluation, to enhance the security, such as the win-win cooperation collective rational thinking under the collective rationality embodies individual rationality control strategy, in order to promote healthy development of the industry meet the requirements of national strategic development.

目　录

第1章 绪 论

进入21世纪，世界互联互通、相互合作的理念为更多的国家所认同，然而贸易保护主义近年来也愈演愈烈，叠加突如其来的新冠疫情，导致国际关系形势更为复杂，全球局部地区安全一直存在不稳定的因素，对全球一体化进程有很大影响。面对全球单边主义态势抬头，全球能源安全及气候变化，全球领导人共商对策，国家为应对气候变化也提出了在2030年前碳排放达到峰值、2060年前实现碳中和的战略目标，毫无疑问，能源安全与节能减排成为国家发展战略的核心问题之一，以核能为代表的清洁能源合理开发与应用呈现出了更加重要的地位。

核能领域的国际合作形势也随着世界百年未有之大变局正悄然变化，核能领域的国际合作代表了国与国之间合作的最高水平。核能领域的国际合作往往面对的是千亿级别产业链的合作对接，数十年以上稳定的政治关系，国与国之间高科技技术的交流与创新，企业组织的高度互信与相互协作，这些都体现了核能产业的发展对于国家来说，它的特殊地位与意义。

我们常说技术是生产力，并不意味着技术就是产业或生产活动。技术只是表明了生产的可能性和质的方面，而不是生产的现实性和量的方面。产业和技术的最大区别就是批量化，规模是产业的基本要求，标准化则是规模产生经济效益最明显的手段。在国家层面上，中华人民共和国国务院于2006年发布的《国家中长期科学和技术发展规划纲要（2006—2020年）》[1] 中明确指出我国要“实施知识产权战略和技术标准化战略”。尽管“技术专利化，专利标准化”已成为发达国家战略的重要构成部分，但对于中国而言，技术标准化战略还处于刚起步的阶段，面临的挑战也相当严峻。技术标准化的优势体现在规模化建设中的经济性提升，以及产业化技术创新中组织协同的实现。

核工业是高科技战略产业，国家安全的重要基石。核工业产业链的各个环节都具有丰富的科学、技术和工程内涵，是世界高新技术的集成，是我国科技创新体系的重要组成部分，是综合国力和创新能力的具体体现。核工业产业链人才队伍的稳定和持续发展，能有效带动并提升国家重大装备及关键材料等领域的创新发展，进而提高整个装备制造业的核心竞争力和国家的综合战略实力。核力量是国际社会政治经济军事格局形成的重要杠杆，我国核工业从50年代“两弹一艇”满足了政治军事的需要，到80年代开始采用坚持独立自主与“消化—引进—吸收—再创新”两条发展路径发展民用核能发电满足经济建设的需要，再到目前形成了国有三大核电集团竞争合作局面，核电企业间彼此的竞争促进了民用核电技术的发展，近年来各自集团逐步拥有自主技术型号。随着核工业快速发展，各集团组织发展追求个体利益最大化，而符合个体理性发展并不一定满足集体理性的要求，具体表现就是国内核电集团各自为政、技术标准不统一、同质竞争导致研发设施重复建设、主要设备重复试验验证、国家研发经费不能综合调控发挥最大作用的问题时有发生，我国核工业逐步“走出去”参与到世界市场的竞争，国内也开启稳步的批量化建设，核工业各大集团间在国外市场开展相互竞争、国内监管部门多头管理缺乏协调，核电产业发展来到新阶段面临新挑战。然而，核工业具有的维护国家战略安全等体现社会属性要求以国家利益第一，对于单个核工业组织发展而言，个体理性往往超越集体理性。那么，满足核工业组织协同为什么要通过技术标准化来实现？中国核工业技术标准化是一个技术问题还是一个组织问题？面向技术标准化的组织协同有哪些影响因素？影响因素间的作用机理及作用路径如何？通过什么治理策略才能实现组织协同的目标？

本书以产业组织的视角，从核工业的产业属性特征出发，研究技术标准化与组织的本质；揭示了技术标准化与组织的内涵关系；揭示了影响实现现阶段产业面向技术标准化的组织间协同主要因素有哪些，作用机理和作用路径如何；给出企业组织间组织协同关系治理机制；在一定程度上丰富了核工业及具有社会属性重要产业组织理论，为相关产业从业者深刻领会产业发展意义与目标，为相关监管机构更好地制定相关政策保障国家利益、促进产业发展提供治理策略。

1.1 研究背景与研究意义

1.1.1 研究背景

核工业在军事上保障国家战略安全；核能发电满足国民经济发展需要，在国民经济中同样具有重要作用：利用核能使之转变为热能、机械动力和电能，可获得安全、清洁、热值高的能源，体现社会属性与经济属性。与此同时，核工业体现一个国家的科技水平和装备制造能力，对相关产业具有明显的带动作用，是大国地位的象征。

本书以核工业组织为研究对象，探索具有社会属性与经济属性的核工业产业特征，以国家战略发展要求为导向，面对企业间竞争与合作的行业现状，研究符合国家利益、实现有效合作与有限竞争的核工业组织间协同关系治理机制。研究背景主要介绍三方面内容：核工业组织发展现状、核工业组织现状形成的原因、核工业组织发展面临的问题。

(1) 核工业组织发展现状

我国核工业的第一个 30 年以军为主，在新中国成立之初，国家面临核威胁与核讹诈，新中国的发展安全面临严重威胁，国家做出了发展我国原子能事业的战略决策，1958 年 5 月，我国核工业艰难起步。在全国各行各业大力协同和全国各方支持条件下，1964 年 10 月 16 日，我国第一颗原子弹试爆成功，1967 年 6 月 17 日，我国第一颗氢弹试爆成功，1971 年 9 月，我国第一艘核潜艇顺利下水，核工业取得了“两弹一艇”辉煌成就，保障了国家安全，让新中国在世界舞台站稳了脚跟。

第二个 30 年，核工业重点转向为国民经济服务，为国家经济建设发展提供优质高效的能源保障。国家核工业也从一个政府部门转型发展成为三家大型国有企业竞争发展的局面。

中国核工业集团有限公司（以下简称中核集团）就是由核工业部转型而成的全产业链大型央企，拥有核电全产业链，具有历史传统优势，主要承接国防建设重要任务，同时也承担民用核电站建设任务，拥有超越一般企业的政治地位。1985 年，我国自行建造秦山一期核电站，从此以后，中核集团建造者开启了中国内陆民用核电建设的时代，在三十年以后，坚持独立自主技术路线，研发成功自主三代核电技术 CP1000 后升级到 ACP1000，后续统一更名“华龙一号”，并落地巴基斯坦。中核集团从浙江海盐秦山核电站建设起步，在浙江、江苏、福建、辽宁、山东、海南等省都建设有核电基地，巴基斯坦项目已成功建设，巴基斯坦、阿根廷、沙特、约旦等国后续项目市场开发也在陆续推进。

1987 年，国家引进法国百万千瓦级大型压水堆 M310 落地大亚湾，中国广核集团（以下简称中广核）依靠大亚湾核电站的建设运行，通过“以核养核”走出了一条快速滚动发展的道路，采用“引进

—消化—吸收”发展路线，吸收法国大亚湾及法国三代核电 EPR 机组建设经验，自主研发 ACPR1000＋，后续统一更名“华龙一号”，与中核集团进行技术融合。中广核集团从广东大亚湾核电站建设起步，在广东、广西、辽宁、福建、浙江等省都建设有核电基地，海外英国项目正在进行通用设计审查认证（GDA 认证）、通过欧洲用户标准认证（EUR 认证），欧洲、东南亚核电市场也在积极开拓中。

2004 年，中央明确引进国际三代核电技术，2006 年政治局常委会决定引进美国 AP1000 三代核电技术，成立国家核电（后续并入国家电投，成为核电第三张入场券持有者），国家计划后续 AP1000 建成后，国内所有待建核电技术都统一到 AP1000 技术上来。但由于 AP1000 技术实际上当时还不够成熟，令 AP1000 在中国建设工期严重滞后，中美关系近期又出现紧张局势，AP1000 后续工程不能如期建成。国家电投从山东海阳核电建设起步，进行三代核电 AP1000 及“国和一号”机组建设，海外非洲市场也在开发之中。三家央企对核工业市场都有着重要作用，后续华能集团、大唐集团也有意参与到核电建设的大潮之中。

国家进一步深刻认识到通过“引进—消化—吸收”路线发展核电还是需要进一步优化，历史证明关键核心技术是等不来、要不来、买不来的，必须通过自主创新，掌握核心技术，形成自己的技术标准，才能掌握技术话语权。国家要求中核及中广核两大集团统一技术路线才能批准建设工程，后来就按照国家能源局要求进行技术融合，统一名称为“华龙一号”技术，开展技术标准化工作。2015 年 5 月，“华龙一号”全球首堆福清 5 号机组正式开工，2020 年 11 月 27 日正式并网发电，2021 年 1 月 31 日投入商业运行，创造了全球三代核电首堆建设最佳业绩。

目前国内核电领域自主技术主要包含中核及中广核正在进行技术标准化的“华龙一号”及国家电投“国和一号”技术路线。为了更好地实现“华龙一号”技术融合及标准化，国家于2016年由中核集团与中广核集团等股比成立了华龙国际核电技术有限公司，统筹“华龙一号”技术融合，促进华龙一号技术标准化工作，以期形成合力一致对外。2019年福建漳州、广东惠州项目、2020年浙江苍南项目采用融合后华龙技术机组相继开工。

截至目前，我国核工业目前具有核电运营牌照主要有三家央企，中核集团、中广核、国家电投，形成“三足鼎立”局面，华能集团有望通过海南核电项目成为拿到第四张核电运营牌照的大型央企。每一家企业都具有自己的研究设计院、都具有自主研发核电机组型号、都积极在海外市场进行技术开拓，在市场上都具有举足轻重的影响力。中核集团、中广核集团具有建设自主三代核电机组“华龙一号”的能力，国家电投具有建设自主三代核电机组“国和一号”的能力，两种机组都是在我国通过独立自主及“引进—消化吸收—再创新”两种技术发展思路上获得的成果。中核集团具有传统的全产业链优势，核工业业务覆盖面广，技术积累更加丰富；中广核集团、国家电投集团作为核能领域的新兴发展集团具有快速的发展势头，更加渴望在技术领域取得快速的发展，以支撑发展壮大的核能业务。

国内核工业各大集团间在国外争取项目落地形成相互竞争局面；国内建设机组技术差异导致研发设施重复投入、主要试验验证设备重复建设、国家研发经费不能综合调控发挥最大作用，同质竞争问题比较明显。究其原因，就是我国目前核电产业经历初创期及成长期，各核电企业在各自发展中竞争大于合作，在其个体理性驱使下追求个体利益最大化，而忽略了集体理性，研发设计没有形成统一的标准与技术，各企业组织自有设计院为了掌握技术话语权，热衷采用自有技术进行开发与应用、相关设备制造厂商也只好根据各自设计参数进行设备配套，导致企业间在国外项目相互竞争、国内建设机组技术差异导致研发设施重复建设、主要设备重复试验验证，由于技术方案的不一致，国家研发经费的投入也不能聚焦投在最需要攻关的方向、发挥最大的作用。按照目前的发展形势，企业间的竞争已经涉及越来越多的领域，技术标准不统一已经导致核工业社会属性与经济属性的冲突愈发明显。

虽然国家相关部门从 20 年前就开始试图将国内技术融合及标准统一，号召两大核电集团形成统一的二代改进型机组设计，但由于企业发展历史背景不同，核工业组织个体理性与集体理性认识的偏差，同时面对核工业发展不同阶段、管理部门对垄断与市场竞争的不同认识、核工业组织间竞争局面的形成，技术标准化的进程没有达到预期的成果。如今，面对日益复杂的国际国内形势，技术标准化又被提上国家历史日程，专门成立了华龙国际核电技术有限公司对“华龙一号”技术进行融合与标准统一。

组织协同的表征是实现技术融合，技术融合的表征是设计的标准化。实现技术融合后的华龙技术不仅在国内核电建设领域能够实现标准化、通过批量化建设，大幅提高经济性，更重要的是“华龙一号”代表国家参与国际市场竞争、带动国家装备制造业转型升级、服务国家发展战略，体现国家实力的社会属性，所以，实现技术标准化有利于核电技术水平及经济性提升，对国家发展与国家利益至关重要。因此，实现技术标准化是实现组织协同的前提条件。

我国核能产业从 1994 年秦山核电站、大亚湾核电站开始运行至今，已实现在运 45 台机组，各机组运行状态良好，经历过了高速发展的阶段，至 2018 年核电发电量增长仍保持在 10%以上，根据产业生命周期理论，核电产业还处在成长期；根据 2019 年 7 月发布《我国核电发展规划研究》（以下简称《规划》），重点针对核电发展规模、区域布局、技术路线、厂址资源等情况，形成了《2035、2050 年我国电力系统发展及核电战略布局研究》《2035、2050 年我国核电发展技术路线研究》《我国核电厂址资源和建设条件调查报告》等研究成果。

《规划》指出，基准方案下，到 2030 年、2035 年和 2050 年，我国核电机组规模达到 1.3 亿千瓦、1.7 亿千瓦和 3.4 亿千瓦，占全国电力总装机的 4.5％、5.1％、6.7％，发电量分别达到 0.9 万亿千瓦时、1.3 万亿千瓦时、2.6 万亿千瓦时，占全国总发电量 10％、13.5％、22.1％。经测算，按照发展规划，核电发展应该保持稳定的节奏，2050 年之前，每年保持 6 台左右的开工规模，2020—2030 年，年均增长 10％以内；2031—2035 年间，年均增长 8％左右；2035—2050 年间，年均增长 5％左右。也就是说，2020 年至 2050 年，我国核电将迎来核电稳定发展的时期，年均增长将在 5％～10％左右，按照判定标准，核电产业即将进入成熟期。因此，我们判断目前核电产业正处在成长期至成熟期的重要过渡时期，核电产业即将进入成熟期，到达稳定发展阶段。

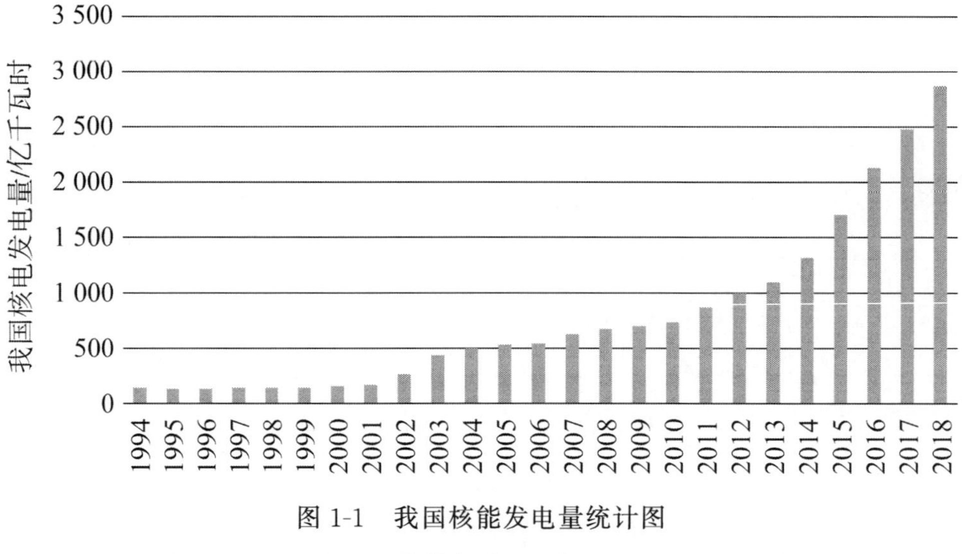

图 1-1　我国核能发电量统计图

Fig. 1-1　Statistics of China’s nuclear power generation

因此，按照国家核工业发展规划，行业逐步建立起了建设自主研发第三代核电技术型号的能力，随着核工业发展趋于逐步稳定，自主型号面临“走出去”及国内批量化建设局面，核工业即将进入稳定发

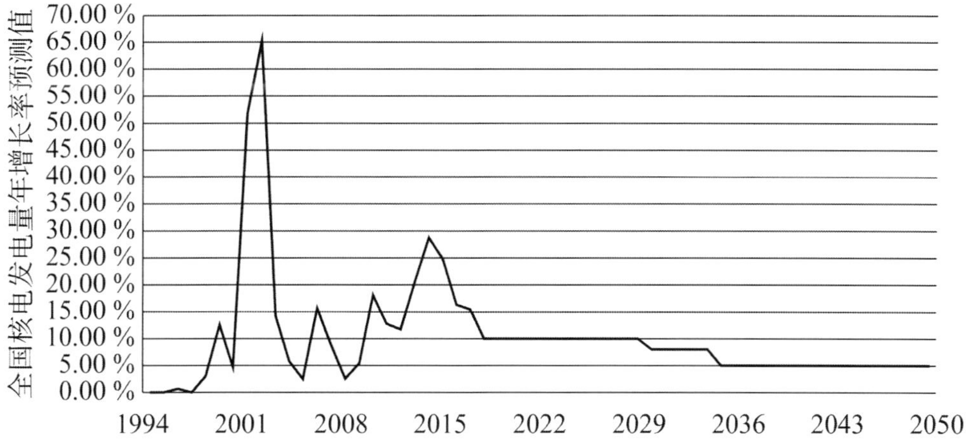

图 1-2 我国年均发电量增长率预测分析图（2020 年以后为估计值）

Fig. 1-2 Forecast and analysis chart of China's average annual growth rate of electricity generation (numbers after 2020 are presented as estimates)

展的成熟期阶段。

由于民用核能领域国际合作开展顺利，我国核电发展道路选的是自力更生与"引进—消化—吸收—再创新"两条同时进行的发展之路。前者是由于没有参考或借鉴，或是受到技术封锁，不得不自力更生发展自己的技术体系，比如说航天领域受到国外技术封锁，不得不依靠自力更生，走出一条自主发展之路，并让欧美国家另眼相看，比如杂交水稻领域，我们走在世界前列，没有经验及技术可以参考，建立自己的研究体系，创造世界领先的成果；后者是通过"引进—消化—吸收"，将外来先进技术吸收融合成自己的技术，再进行创新发展，比如高铁产业，我们引进德国、日本、法国的高铁技术，通过消化吸收再创新，创造出自己的自主化高铁技术，形成中国的标准，目前作为"走出去"的国家名片。

按照国家"一带一路"发展倡议，核电和高铁要努力实现"走出去"，核电"出海"是国家与国家层面重大政治事件，核电"走出去"

实际上也是国际市场上国家与国家之间的竞争与博弈，体现的是国家利益，而不仅是某一个企业集团的商业行为，目前国家相关单位将国际市场划分为不同区域给各大集团进行开发，但国外业主到中国都会分别找各核电集团进行沟通、询价。

按照国家“双循环”发展格局，及国家“十四五”核电发展规划，“华龙一号”将成为国内核电建设主力机型，“华龙一号”巴基斯坦 K2、K3 项目海外首堆建设顺利，国外市场开发方面，巴基斯坦、英国、阿根廷等国项目落地正在积极沟通。核电作为响应国家“一带一路”发展倡议，实施“走出去”发展战略，“华龙一号”作为自主知识产权三代核电品牌，备受期待。

按照“十四五”期间每年国内 6-8 台发展规划，国内“十四五”期间将有 30 台机组建设规模，“华龙一号”作为主力机型，即将面临批量化建设的发展时期。核电单位造价较高、前期投资较大，经济性的提升就显得尤为重要，通过技术标准化促进核电站实施标准化设计、批量化建设，提升核电经济性，成为新时代对核电产业发展提出的新要求。

（2）核工业组织现状形成的原因

一是核工业部政府职能的转变，让核工业在规制方面缺乏统一政策。

核工业的发展起源于国家战略安全的需要，初始阶段 20 世纪 50 年代由核工业部作为政府部门组织全国资源进行原子弹、氢弹及核潜艇武器建设，发扬“热爱祖国、无私奉献、自力更生、艰苦奋斗、大力协同、勇于登攀”的“两弹精神”，取得了举世瞩目的成就。

在改革开放的过程中国家为了转变政府职能，20 世纪 90 年代，为引入内部竞争机制，将核工业部等五大部委都一分为二，形成十大军工企业集团，核工业部分为中国核工业集团和中国核工业建设集团（2018 年又划入中核集团）。而核工业部在转变政府职能之后，虽然各政府部门分工协作、互相配合，但国家没有一个综合管控的部门来统一协调核工业产业的发展。国防科工局负责行业的管理、核应急、军用核设施安全的监管；国家能源局负责民用核电的发展，重大专项的管理；国家核安全局负责民用核设施的安全；科技部负责科研项目的审批。

随着核工业的快速发展，政府管理部门的资源相对分散、突显不足，由于核工业信息又比较敏感，各管理部门的沟通不是太充分，导致多头管理的情况出现。1994 年，国家引进法国百万千瓦技术大亚湾核电站，出资成立的中广核集团已快速发展成为以核电为核心业务的清洁能源集团。2007 年，国家为了消化吸收美国三代核电技术成立的国家核电技术有限公司，于 2015 年并入国家电力投资集团。三大集团相对实力是不均衡的，三个企业集团之间的竞争应该说促进了核电产业技术的快速发展，但是由于缺乏统一的协调管控，各集团面临生存发展的压力，竞争领域与深度逐渐扩大。

目前，鉴于核电产业的特殊属性，世界上绝大多数核能大国都实现了监管、规划、研发、设计统一管理，而我国核工业并不是步调一致，而是多家企业集团竞争的格局，企业的进入受到政府限制。在核工业发展的成长期，国内企业集团竞争以经济效益最大化的适度竞争为主，逐步建立起了各自自主研发技术型号的能力。随着国家发展核工业节奏趋于逐步稳定，核工业即将进入稳定发展的成熟期阶段，自主型号面临“走出去”及国内批量化建设，代表国家利益，需要体现核工业的社会属性。标准化设计就是核能发电提高经济性、提高国际竞争力的关键，在不对现有企业集团组织进行组织调整的前提下，标准化就是要求中核集团和中广核集团将“华龙一号”技术方案实现技术融合，形成统一的标准、一套图纸与技术规格书，以形成后续国内建设及出口“华龙一号”技术的标准化设计，从而达到经济性提升的要求。统一的华龙技术才能体现核工业社会属性在经济属性对比下的优先级，提升在国际市场“华龙一号”机型的竞争力与经济性就是国家利益所在。

二是各核电企业集团发展主要基于个体理性，考虑集体理性不足。

由于核电产业是沉没成本非常高的产业，各核电集团的竞争还体现在科研设计及实验设施领域，某些设计数据需要实验数据的验证，但由于设计数据的差异及各集团研发数据缺乏共享，导致实验设施的重复建设，经费也可以从不同资助渠道或是自筹落实，实际上导致了国家研发经费的重复投入。

特别是中核集团与中广核集团由于都在各自建设研究法国核电技术基础上进行技术创新形成自主三代核电品牌“华龙一号”，由于两个设计源自各自设计院，两个设计还有一些设计上的差异，国家在2016年安排两大集团等比出资成立华龙国际核电技术有限公司负责进行技术融合，并统一进行品牌管理并统一对外。

技术融合目的是统一标准与设计，技术融合之后，通过标准化、批量化建设将大力提升核电经济性。按照世界经合组织核能委员会发布的《降低核电建造成本的研究报告（2020年7月）》称“考虑标准化系列化设计”、“优先考虑设计成熟度及监管稳定性”“促进各层面创新、人才培养和协作”等作为主要建议。通过法国的标准化建设经验，成本降低20％～40％；韩国数据显示，标准化能使基础价降低15％～20％；瑞典数据显示，复制效应可使后续项目节省15％～20％。

而在目前核电企业集团各自独立存在、缺乏合作的前提下，组织的个体理性往往不一定服从于集体理性，究其原因，技术融合表面上看是一个技术问题，其实技术融合的不同主体有各自不同的诉求与目的，技术融合涉及各主体核心利益、技术话语权、发展利益，实际上并不仅仅是一个技术问题，而是一个组织管理的问题。核心要点就是在个体理性指导下的企业集团组织如何按照国家战略的要求，通过集体理性的站位实现产业发展目标，企业组织间要求合作大于竞争，而不是竞争大于合作，即集体理性需要优先重视与保障。因此，研究通过技术标准化的方式实现中国核工业组织间的协同是保障产业社会属性与经济属性充分发挥的重要保障。

三是核工业治理机制与主要发达国家存在一定差异、资源比较分散。

在国际核工业领域，大多数国家都实行国家统一的监管、规划、研发、设计，个别国家甚至运行和设备配套都统一配置。我国核工业采用“消化—引进—吸收—再创新”发展路径满足经济建设的需要，如今形成了多企业组织竞争的局面，详见表 1-1。

表 1-1 国际主要核电国家核电产业组织管理结构一览表

Tab. 1-1 List of Nuclear Power Industry Organization and Management Structure of Major International Nuclear Power Countries

	核电发电占比	政府监管	规划发展	研发	设计	运行维护	设备配套
美国	20%	统一	统一	统一	两家	多家	多家
俄罗斯	20%	统一	统一	统一	统一	统一	多家
法国	74%	统一	统一	统一	统一	统一	统一
加拿大	15%	统一	统一	统一	统一	统一	统一
日本	30%	统一	统一	统一	三家	多家	多家
韩国	40%	统一	统一	统一	统一	统一	多家
中国	4%	多家	三家	三家	三家	三家	多家

从上表可以看出，美国、俄罗斯、法国、加拿大、日本、韩国核能都在本国发电占比具有较高水平，特别是法国占比 70%以上，而我国还不到 5%，面对温室气体排放减排及碳中和目标，我国核工业还有很大发展空间。各国核工业监管、规划发展、研发体系都进行了统一管理，只有我国目前还存在三大国有核电集团国内外形成相互竞争

的局面，不仅监管层面出现了多头管理、缺少沟通，而且规划、研发层面也不统一，直接导致设计、运行维护、设备配套都面临差异，与国家核工业产业发展要求面临较大差距。美国的两大设计公司分别设计的是压水堆和沸水堆两种堆型，日本三家公司也是跟随美国设计的压水堆和沸水堆不同机型而划分。运行维护因投资的业主单位不同而有差别，运行维护单位统一的好处在于经验反馈能及时反馈到设计方进行优化设计。设备厂家是根据设计要求进行设备制造，统一管理的优势在于设计与设备制造一体化能进一步降低成本，大多数国家设备厂家都是多家供应。如今，国外发达国家核电发展都进入或经历了成熟期，也验证了核电产业在规划、研发、设计领域统一管理的必要性及合理性，反映出核电相关资源是相对有限的，国外在核工业产业领域资源是非常集中的，而我国的核工业现状是资源相对分散，与各核电大国核工业情况有些差异。

(3) 核工业组织发展面临的问题

一是国家政府行业主管部门及相关单位有必要深刻认识到核工业这样的具有社会属性产业的内涵与特征。国家建设核工业产业的根本目的是什么，产业发展要达到什么样的目标，产业发展应遵循什么样的原则，产业具备什么样的产业内涵与特征，都需要政府监管部门和从业人员有清晰而深刻地认识。

二是核工业企业组织在面对技术标准化的国家要求下，如何实现企业间组织协同，弄清影响组织协同的主要因素，通过组织协同实现技术标准化，通过技术标准化提高核电产品的经济性，发挥好技术平台的作用，以集体理性为先，在实现集体理性情况下兼顾个体理性。

三是目前核工业组织的治理模式已经不能完全满足产业发展的需求。在现有的产业组织状态下，如何通过优化产业组织的治理实现核工业的产业发展的目标，让核工业企业之间能够实现在国家统一战略思想指导下，形成有效合作、有限竞争，在有限的相关资源条件下，既能够满足国家发展核工业需要实现国家战略利益的社会属性，又能够实现产业组织间形成良好的竞争环境，通过有效合作与适度竞争实现产业的健康发展，就是需要我们研究的问题。

1.1.2 研究意义

在 2021 年《政府工作报告》中明确："在确保安全的前提下，积极有序发展核电"，坚定核电安全发展战略，对我国构建安全高效能源体系、应对全球气候变化挑战、保障可持续发展、加快科技创新、促进军民融合发展、保障和提升国家总体安全具有重大的战略意义。

核电姓"核"不姓"电"，其根本属性是社会属性，因此就不能将核电这种在国家政治经济军事生活中极其特殊的电力形态与其他能源品种简单地进行成本比较，国家利益才是核电产业发展的根本动力。核电永远不能只是市场导向、成本导向、效益导向的普通能源形态，而是技术导向、能力导向和创新导向的国家战略性资源。核电虽然不能只是市场导向，但核电也不可能无视市场、不顾成本、不顾经济效益，那样只会把路越走越窄；核电必须面向市场，才能有更广阔的发展空间，尊重市场、降低成本、创造效益，才会让核电发展的道路越走越宽广。核电要降低成本，必须要进行标准化建设，标准化建设势必涉及目前几大核电企业集团技术话语权，这是各大核电企业集团参与技术标准化最为担心的核心利益竞争，企业组织面临个体理性与集体理性的抉择。

本书对中国核工业组织协同进行研究，目的是根据目前现有的核电产业组织结构、来分析市场的行为与绩效，研究具有社会属性的产业治理模式，探究技术标准化背景下我国核工业产业属性及定位，揭示影响核工业技术标准化背景下实现组织协同的内涵，找出主要影响因素、作用机理及作用路径，提出组织协同治理机制，从而为国家具有社会属性产业组织间协同关系治理提供理论支持和决策参考。

（1）理论意义

丰富了组织治理理论，完善了国家具有社会属性产业组织间协同治理机制。通过核工业产业组织的定位及特性研究，揭示了面向技术标准化的我国核工业组织协同的内涵与特征，明确了国家发展战略对具有社会属性产业发展的指导及决定意义。

深化了对核工业组织间协同关系治理策略研究，技术标准化表面上是一个技术问题，本质上是一个组织管理问题，通过技术标准化解决企业间组织协同问题是实现个体理性与集体理性平衡兼顾的思路之一，从协同的内涵、协同的影响因素、作用机理、治理机制进行了研究，丰富了国家具有社会属性产业组织间关系治理理论。

（2）实践意义

丰富了新时代中国特色社会主义现代化建设具有社会属性产业管理实践，在正确认识中西方组织战略思想的差异，政治体制及经济制度的差异，有助于通过实施技术标准化手段实现社会属性核工业组织协同，为实际管控机制的研究提供有益的研究成果，在国家发展与产业发展的关键时期，产业发展如何根据产业发展周期规律，更好地满足国家发展战略的需求，在核能领域国际合作中，企业集团如何协调好个体理性与集体理性之间的关系，通过核能产业技术标准化建设实现国家发展战略要求，为后续具有社会属性产业组织间协同关系治理提供了决策参考。

1.2　研究目的与研究内容

1.2.1　研究目的

中国核工业具有社会属性及经济属性，当社会属性和经济属性产生冲突，产业应当优先满足其社会属性，也就是国家利益、规模经济的要求。核工业组织在目前的格局之下，个体组织主要关注个体自身成长及发展的诉求，在面临个体理性与集体理性抉择的时候，往往优先选择保持个体竞争优势个体理性，这是组织的本能。个体理性一旦超越集体理性，对于核工业来说就是出现技术标准不统一、重复建设、同质竞争等现象，最终遭受损失的将是国家利益。因此，在现有的产业组织状态下，如何通过优化产业组织的治理实现核工业的产业发展的目标，让核工业企业之间能够实现在国家统一战略思想指导下，形成有效合作、有限竞争，在有限的相关资源条件下，既能够满足国家发展核工业需要实现国家战略利益的社会属性，又能够实现产业组织间形成良好的竞争环境，通过有效合作与适度竞争实现产业的健康发展，就是我们研究要实现的产业治理目标。

核工业产业在发挥经济属性的同时也要优先满足社会属性的发挥，具有个体理性的组织需要兼顾集体理性，社会属性的发挥就是需要产业组织间产生协同，特别是在产业技术发展到接近成熟的阶段，需要从技术标准化视角探索解决组织协同的问题，实现技术标准化、通过自主标准的建立、实现批量化建设、提高经济性与行业竞争力是产业社会属性的发展要求。核工业组织间竞争只能是涉及经济属性发挥的竞争，不能影响社会属性的发挥。中国核工业组织间期望达到的是一种有限竞争，有效合作的关系。

技术标准化不仅是技术的问题，只有通过技术标准化实现组织间的协同既实现集体理性保障社会属性，又满足个体理性发展的需求，解决行业发展面临标准不统一、重复建设、同质竞争的现实困境，因此，如何实现中国核工业组织协同即本书所要研究的目的。

1.2.2　研究内容

本书针对具有社会属性产业组织间组织协同关系治理进行研究，

以核工业技术标准化为手段以实现中国核工业组织协同为目标进行研究论证。二十年来，核工业企业组织间技术标准化实施效果有待提升，根本原因是各组织发展遵循个体利益最大化，按照个体理性发展忽略集体理性。通过研究中国核工业产业结构、行为、属性特征、影响因素及作用机理、治理策略研究，使核工业企业组织间关系治理既保障集体理性又体现个体理性，适应国家战略发展的需要，实现国家对产业发展的组织目标。

具体来说：

第一，中国核工业内涵及特征、面向技术标准化的组织协同影响因素研究。这部分内容是从产业哲学视角，对具有社会属性的我国核工业产业的本质进行探究，由核工业企业间组织协同的动因，通过经济、制度、组织与技术的视角，分析中国核工业面向技术标准化的企业间组织协同的内涵及特征。通过德尔菲法，根据专家访谈获得主要影响因素，建立理论分析模型，为下一步研究组织协同作用机理及作用路径奠定基础。

第二，影响因素对核工业企业间组织协同作用机理及作用路径研究。这部分是在前文组织协同内涵特征及理论模型研究的基础之上，对“影响企业组织间组织协同关键因素作用机理及路径”进行研究，通过问卷调查，采用结构方程模型，分析作用机理，并揭示主要作用路径，为组织协同治理机制研究奠定了基础。

第三，核工业企业间组织协同的治理机制研究。针对企业间的组织协同是一个动态、交互的过程，本研究利用前文获得的影响因素构建了两类企业博弈模型，为组织协同治理机制提供决策依据，从个体理性与集体理性的角度对分配机制进行了研究，最后通过核工业技术标准化案例的实证研究，为产业治理及行业监管策略提供了决策意见。

本书各章安排如下。第 1 章绪论主要介绍了研究背景、意义，界定了本研究的范围，提出了研究的问题、内容和采用的研究方法、技术路线以及创新点。第 2 章介绍了产业组织、组织协同的相关理论，综述了组织间组织协同的内涵及特征、影响因素、作用机理及作用路径、组织间协同治理机制研究现状，总结了现有研究成果并分析了现有研究的局限。第 3 章介绍了我国核工业属性特征、技术标准化与组织等内涵关系，揭示了中国核工业产业属性特征、分析了面向技术标准化的组织协同主要影响因素并建立了理论模型。第 4 章介绍了中国核工业组织协同作用机理及路径。第 5 章介绍了中国核工业组织协同治理机制。第 6 章以我国核工业自主三代核电“华龙一号”技术标准化为例，采用案例分析的方法，验证相关论述，提出治理策略。第 7 章结论与展望，即在前述各章研究的基础上，总结研究成果，提出研究展望。

1.3　研究方法与技术路线

1.3.1　研究方法

本书主要采用德尔菲法、问卷调查、结构方程模型、演化博弈、案例分析等方法进行研究。

（1）德尔菲法

使用德尔菲法，对调查所得资料、文献资料进行分析，借助专家多轮访谈，经过提取概念，获取面向技术标准化中国核工业组织协同影响因素。德尔菲适用于缺少足够专业背景信息和历史数据的相关研究，比如核工业，人工智能新产业等；德尔菲作为定性分析，经过几轮专家迭代实验，能够最大程度上促进定性访谈的严谨性。

（2）问卷调查

问卷是以表格的形式以设问的方式进行问题表述，比访谈表更详细、完整和易于控制，可以用来做统计和调查。本书通过这种控制式的测量对核工业组织间组织协同影响因素之间的作用关系进行度量。根据现阶段的主要矛盾，通过专家访谈结合文献分析，提出了政策、动力、平台、分配四个测量维度，编制了本书的调查问卷。问卷通过手机微信推送电子问卷的形式主要在核工业从业人员领域进行发放，反馈的数据即为本研究的原始数据。

（3）结构方程模型

结构方程模型是一种定量分析的方法，适用于建立、估计和检验变量之间的因果关系。合作影响因素的测量关系是无法通过观测直接得到，传统的统计方法也解决不了这个问题；而结构方程模型能同时处理多个因变量，并检验理论模型与数据是否吻合。本研究运用结构方程模型，对形成组织协同的影响因素进行研究，寻找变量间的关系，探究合作的形成机理，并通过数据关系找寻主要作用路径。本研究采用 AMOS 软件进行结构方程模型的运算，基础数据来源于调查问卷。

（4）演化博弈

演化博弈是将博弈理论分析和动态演化过程结合起来的一种理论，在有限理性和非完全信息的前提下研究博弈方的行为选择，强调的是一种动态均衡。使用演化博弈相关理论与模型分析组织间协同治理，研究作为核工业企业之间的组织协同不同博弈策略，进而分析出组织协同机制治理中需要强化的要素。

（5）案例分析

通过案例调查与分析，对管理现象和问题进行描述、解释以及探索的研究方法。选取“华龙一号”技术标准化为例，对技术标准化过程及形成的过程及成果进行研究分析，研究组织协同对技术标准化的影响，针对实际情况对组织间协同治理机制提出策略建议。

1.3.2　技术路线

本书的技术路线见图 1-3。

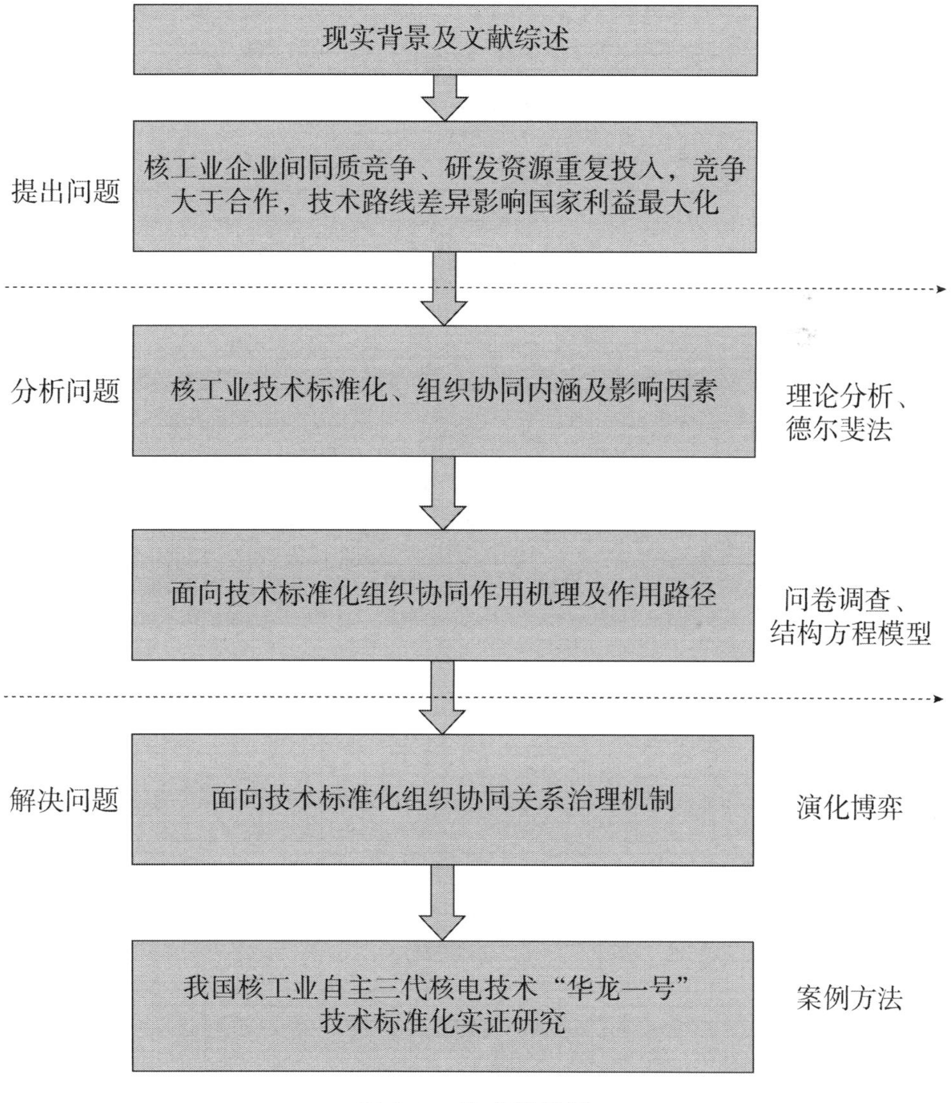

图 1-3　技术路线图

Fig. 1-3　Technical line

1.4 创新点

（1）揭示了以国家利益为根本的社会属性是核工业的首要属性；提出了技术标准化是促进核工业实现组织协同的有效途径；基于中国核工业的首要属性和实现组织协同的有效途径，参考“SCP”模型构建了面向技术标准化的中国核工业组织间协同的“四要素两阶段”模型。

从产业本质属性角度研究了中国核工业组织的属性、特征及发展历程，结果显示核工业社会属性以保障国家安全为首要目标。在探讨技术与组织、技术标准化与组织协同的内涵基础上，发现以技术标准化作为规范技术与研发行为的技术制度，不仅能有效促进集团间组织协同，也可以获取更好的规模效应。通过专家访谈挖掘出技术标准化条件下组织协同四个关键因素为：政策、平台、分配、动力。结合协同行为、协同绩效，基于中国核工业的首要属性和实现组织协同的有效途径，参考“SCP”模型构建了面向技术标准化的中国核工业组织间协同的“四因素两阶段”模型。

（2）揭示了政策、平台、分配、动力“四要素”对组织协同行为和绩效“两阶段”的作用机理及路径。

通过对 302 份专业人士有效问卷的建模分析，在“四因素两阶段”模型的基础上，研究发现由于社会属性的首要存在，政策引导下形成的组织动力必然决定性影响组织间协同行为及绩效，同时政策与动力也必然通过组织间合作方式的差异影响并传导至平台与分配，进而产生了对组织协同不同的作用路径。

研究发现政策对协同行为的间接影响最大；动力对协同行为的直接影响最大；平台对协同绩效的直接影响最大；分配对协同绩效的直接影响较大。两条体现集体理性及个体理性作用路径为：“政策—动力—协同行为—协同绩效”及“政策—动力—平台—分配—协同行为—协同绩效”，集体理性作用路径是效率更高的作用路径。

（3）提出了政策是否充分保障是组织作出体现集体理性与个体理性行为选择的关键。

通过演化博弈分析，发现在政策因素充分发挥作用的条件下，组织将做出满足集体理性的协同选择；在政策因素没有充分发挥作用的条件下，组织将在个体理性前提下，通过对收益、信任、奖惩、分配的比较作出是否参与协同的行为选择。

研究表明，当核工业承担国家安全重要任务时，任务执行必须得到充分政策保障，体现集体理性；对于承担体现经济属性的任务时，组织间应通过合理有效竞争体现个体理性并满足集体理性，促进产业发展。

最后，结合“华龙一号”技术标准化实证研究，提出充分发挥政策引领作用、推进“华龙一号”批量化建设体现规模效应、充分发挥技术规制作用、做好知识产权保护与评估、增强合作共赢集体理性思维等治理策略。

第 2 章　理论基础与文献综述

中国核工业组织目前发展面临的问题是“追求自身利益最大化的个体理性与产业社会属性要求的集体理性之间的矛盾”。本章将在组织战略管理理论、组织生态理论、产业组织理论研究的基础上，分析组织协同内涵特征、影响因素、作用机理、治理机制等理论基础与研究现状，为研究“中国核工业组织协同关系治理”这一问题奠定理论基础，提供研究思路。

2.1　理论基础

2.1.1　组织战略管理理论

组织，是人类适应环境的产物，是为了一个共同的追求或目标而组合在一起的两个或多个人的集合[2]（Gary N. McLean），是为了实现特定目的而形成的相互关联的活动系统。巴纳德、孔茨、西蒙关于组织描述的“角度”来看，“组织”是一个协作体系，即“组织结构”。群体在动机和目的驱使下，克服自身不足而形成的协作，是一种行为，即“组织行为”。组织是有协作意愿和共同目的群体的协作亦即组织行为，而组织结构是实现这一组织行为的协作体系，是满足和实现组织行为的结构保证。组织需要管理，亚当·斯密[3]认为：“分工首先是提高生产力的主要手段。他认为，决定一国财富大小的因素，一是劳动生产力，而分工是决定生产力的基本要素，分工是导致经济进步的唯一原因”。分工意味着协作，没有协作的分工将会失去意义，只有协作才能使分工的效率得以实现。古人说“不谋万世者，不足谋一时，不谋全局者，不足谋一域”，万世之谋，全局之谋就是战略[4]，为了组织更好的发展，就需要进行战略的谋划，所谓“谋者，所以远害就利也”，组织战略思想也就逐渐形成。管理基于文化，一方面是社会生产力发展水平的反映，或者说，一定的组织管理水平反映了一定的社会生产力，体现在组织管理手段、工具和方法的发展；另一方面是一定生产关系的反映，体现的是人与人的关系，是管理者意志的反映。

组织是一个动态的概念和过程，组织结构必须反映目标和计划，而目标和计划是随时在变化的，因此，组织管理是一个非常复杂的、动态的概念。组织的发展不可超越社会经济水平，并与时代整体的政治、思想、文化等因素演进历程相关[5]。西方战略管理思想是建立在现代工商业社会文化之上，近现代工业化建设与科学技术研究方面西方的确取得了令人瞩目的成绩，形成了现代企业战略管理思想经典理论及著作。现代战略管理是从 20 世纪 80 年代才开始引入我国，我国企业和企业家从西方企业学习了现代商业管理思想，提升了战略视野，但由于中西方政治、思想、文化的差异导致西方管理思想不能简单的“拿来主义”，需要本土化以免出现“南橘北枳”的现象，因此，中国战略管理实践需要厘清中西方政治、思想、文化方面历史形成的差异，认识清楚组织环境影响战略思想，进而影响组织结构及组织行为的逻辑关系，实事求是发展适合我国组织环境的战略管理理论，以期通过合理的组织结构实现组织战略目标。

2.1.2　组织生态理论

组织生态学是在组织种群生态理论基础之上发展起来的新兴交叉

学科。主要借鉴生物学、生态学、社会学等学科的知识，结合产业经济学和新制度经济学等学科的理论，来研究组织个体的发展，以及组织与组织之间、组织与环境之间的相互关系。

组织种群生态理论是迈克尔·哈南（M. T. Hanna）和约翰·弗里曼（J. H. Freeman）在 1977 年提出的，主要探讨的是组织种群的创造、成长以及死亡的过程及其与环境转变的关系。它以达尔文的生物进化论为基本思想，将“物竞天择，适者生存”作为基本理念来探讨自然选择理论在组织研究领域的运用[6]。

组织生态理论认为，迅速变化的环境是决定组织群中某些组织生存或者失败的关键；当环境发生迅速的转变时，旧的组织容易失败和被淘汰，新形式的组织就会被创造出来以此来适应环境的变化和发展[7]。根据自然选择的法则，种群生态组织的生存和发展过程大体分为三个阶段：变种、选择和保存。组织只有满足环境的要求才能够生存和发展下去，组织通过变种、选择和保存来实现自身的进化过程，进化的结果就是新的组织在组织种群中的确立[8]。其主要理论观点包括三个方面，分别是组织设立理论、组织成长理论和组织死亡理论。

由组织的生存和发展过程可以看出，组织成立的初衷都是有目的的。本书所研究的核工业组织形成及演化的问题，主要涉及组织设立和成长理论。正如 Stinchcombe（1965）对组织变革深刻分析的那样，“组织种群在相同的环境中具有社会、文化、技术上的烙印，而且这些特征不随环境的变化而变化，因为当前组织种群的特征反映的是组织在设立时的状况而不是最近的适应状况”[9]。“组织政策使得生产的技术需求与实际资源分配的关系变得复杂，组织间的分配会引发残酷的政治较量，所以组织的行为取决于之前资源分配的情况以及当前政治集团的属性”[10]（Freeman 和 Hannan，1975）。我国核工业在成立之初就具备了维护国家安全的社会属性及合理利用核能的经济属性，在核工业产业领域只存在央企企业组织之间竞争与合作，产业社会属性要求合作大于竞争。

组织多样性的动态演化理论是达尔文进化论的延伸，遗传学家 Lewontin[11] 认为，演化是宇宙万物中万事万物及时的变化。从生态学视角出发，寻找最优的组织形式是一种误区。因为环境是在一直变化之中，一种组织形式在某个国家某个产业某个时间段上取得成功，并不意味着在下一个时间段或其他环境下也会取得成功。事实上，组织生态学理论认为，不确定、易变的环境会形成多样化的组织形式，组织形式是随环境变化而变化的，我们要探讨的是哪种组织形式在这种环境下是最适合的。

2.1.3　产业组织理论

产业是由提供相近的产品和服务、在相同或相关的价值链上活动的企业共同构成。产业是由众多协作、竞争、替代关系的企业组成的，这些企业的活动特征共同构成产业的特征。产业组织理论的形成以 Joe S. Bain（1959）出版的《产业组织》一书为标志，明确阐述了产业组织研究的目的和方法，完整地提出了构成传统产业组织理论核心内容的市场结构（Structure）-市场行为（Conduct）-市场绩效（Performance）的分析范式（简称 SCP 范式），并把 SCP 分析与产业组织政策联系起来，规范了产业组织理论的理论体系[12]。从形成渊源来看，最早萌芽于英国著名经济学家 Alfred Marshall 的“生产要素理论”，奠基于美国哈佛大学 E. Chamberlin 教授等人的“垄断竞争理论”，最终体系形成于 Bain 等人的系统研究。

Marshall[13] 认为，完全竞争市场在现实中是不存在的，厂商追求规模经济的结果导致垄断，而垄断会扼杀自由竞争这一经济运行的原动力，使市场价格受到人为要素的操纵，而且使经济丧失活力，也不利于资源的合理配置，即“马歇尔冲突”（Marshall Dilemma）。马歇尔冲突所提出的竞争的活力与规模经济之间的关系，正式现代产业组织理论所关注的核心问题。英国剑桥大学经济学家 J. Robinson 的《不完全竞争经济学》和美国哈佛大学 E. Chamberlin 教授《垄断竞争理论》，围绕着竞争与垄断关系进行了更接近实际的全面探索，修正和发展了西方传统经济学中的竞争-垄断理论[14]，特别是《垄断竞争理论》中的理论观点，成为产业组织理论的重要来源，比如提出了垄断竞争的概念、对垄断竞争市场结构进行了具体分类和分析，提出了企业在市场上的进入和退出等[15]，E. Chamberlin 教授被认为是现代产业组织理论奠基人。

从产业规制理论分析，一般认为经历了三个阶段，即实证理论的规范分析、规制俘获理论和规制经济理论。实证理论的规范分析被认为是假定了政府制定和执行政策过程不计成本，出现了规制实际效果与规制目标发生了偏离。规制俘获理论认为，政府规制是为了满足产业对管制的需要而产生的（立法者被产业所俘获），而规制机构最终会被产业所控制（执法者被产业所俘获）[16]。规制经济理论在国家控制资源、各利益主体具有自己最大化效用的理性前提下，指出规制是应利益集团最大化自己收入的要求而生的。

鲍莫尔、潘扎和伟利格[17]提出的可竞争市场理论，定义市场在位者不能获得差额利润，其定价和生产资源配置都是有效率的市场，规制部门应该做的是降低产业壁垒，使产业能够自由进出。

产业组织理论主要关注的是行业内企业间的关系，而且以不完全竞争市场为理论核心的产业组织理论把重心放在企业行为上，企业理论也是产业组织理论的基础内容。科斯把交易成本概念引入企业分析中，认为市场机制需要成本，行政协调也需要成本，企业是内部协调代替市场机制，节约交易成本。科斯提出建立和使用资源配置的价格机制都需要成本，通过企业进行直接协调可能是一种更便宜的机制[18]。科斯认为，市场和企业是实现资源配置并可相互替代的两种方式，而且两种方式都是有成本的，企业存在的价值就在于有些交易在企业内部进行比通过市场进行更能节约成本，企业最显著的特征就是对价格机制的替代。

威廉姆森[19]从契约的角度，把交易成本定义为“运用经济体制”的成本，并提出“契约人”的概念，一是有限理性，二是机会主义。当企业的纵向一体化替代市场时，机会主义就会受到监督，从而大大降低市场交易成本。青木昌彦将企业看做一种制度，其产生的原因是企业合作租金，企业的参与者可以看作各个博弈参与方，他们都认识到合作可以产生更高的回报，正是这种预期使其意愿组成一个企业，而现有的企业形态正是各个博弈参与方博弈均衡的产物。

在新古典经济学中，企业的效用函数中只包含利润一个变量，且假定企业是理性的，信息是完全的和确定的。传统的新古典企业理论不仅抽象掉了企业内部组织，而且以此为基础，假设企业追求利润最大化。然而现代化企业并非只有一个目标，而是具有多个目标，不仅具有经济目标，而且还有非经济目标。非经济目标包括社会责任、环境、生态保护等领域，通常企业运营者会在若干不同目标要求的利益集团间妥协与平衡一个最佳结果，而不是片面追求利润最大化。彭罗斯的现代企业成长理论认为，工业企业的基本经济职能是“为了向国民经济提供产品和服务，依照在企业内部形成和执行的计划来利用生产性资源”。

核工业企业组织同样具备社会属性及经济属性，社会的制度形式决定了组织结构，组织结构导致了相关行为的产生，相关行为形成绩效。现实中核工业的组织结构的改革与发展，相互竞争的企业集团间形成有限的个体理性与需要追求的集体理性，现实的竞争大于合作与期望的合作大于竞争形成矛盾，正是本书研究解决的问题。

2.2 文献综述

有效的管理组织间关系治理是核工业组织实现产业社会属性与经济属性的关键环节。笔者就组织间协同产生、理论基础、研究视角等方面进行文献综述。

2.2.1 组织间关系治理与组织协同

"组织间关系"是指在商业活动中，企业与其他组织之间重复性的相互作用和交易过程，以及一系列持续性社会联系的集合。"任何一个组织的经营活动都离不开与周围环境的联系，它的生存与绩效通常都依赖于和其他组织的关系"。因此，现代企业越来越重视与其它组织的关系及其管理，认识、分析、优化企业与其它组织之间的关系，是企业获得所需的知识、资源，持续竞争优势的先决条件和关键。组织间关系的构成具有多重性。从联结结构上看，关系包括了多个不同的主体，它们相互联结构成关系网络；从经济结构上看，执行不同活动的参与者之间在价值网中相互连接，相互作用，完成价值网络活动，形成商业网络；从社会结构看，不同组织的人员参与，有情感、认知、文化、语言等社会现象的联结，构成一个社会网络。

"治理"一词在早期拉丁文和古希腊语里的意思是"控制与操纵"，其用在描述"政府"和"市场"失效等问题。Rosenau[20]作为治理理论的重要创始人之一，他定义"治理"为保障系统正常运行而施行的的一系列非正式管理机制，尽管这些机制没有被正式授权，但是使用起来十分有效。治理不同于管理，管理更多体现在对权利的使用，而治理不仅依赖于正式的规章制度，还依赖于非正式的、约定俗成的规则[21]。

协同体现了组织间要素在工作过程中通过彼此沟通与协调，取得整体效应大于部分效应之和的协同作用。Ansoff[22]认为实现企业协同，需要通过改善要素配置实现合理的管理与战略安排。Homans[23]认为，组织间协同与于彼此关系的亲密程度非常相关，通过频繁沟通与互动，从而形成关系资本可以促进彼此间形成协同。Porte[24]认为协同的过程就是技术与资源共享的过程，而且分析了可以促进组织间实现协同的机制。从上述文献可以看出，协同的实现需要对组织间关系进行治理。Kooiman 和 Vliet[25]界定了组织间关系治理的内涵，指出组织间治理依靠的是组织内成员间的合作与互动。彭正银[26]认为维护与协同是组织治理的基本目标。李维安[27]认为组织间治理目标实现的关键是在于选择协调方式。孙国强[28]从关系与互动扩展为关系、协同与互动三者联系来探讨组织治理逻辑。因此，组织间关系治理其基本特征是节点组织间的互动，需要节点组织共同完成。

"机制"一词来源于希腊文，原意指机器的构造和动作原理，而现在被用到各个方面。机制理论，运用了社会选择理论和博弈论的结果。假设人们都是个体理性的，以博弈论的方式做出相应行为，对各种情形为一个目标行动，机制的作用就在于设计各类博弈情景，并对博弈结果进行均衡求解，找到实现社会目标的条件。

机制设计来源于信息不对称，黄亚钧[29]、Andersen[30]等认为机制有利于提高参与者个人收益甚至社会的整体收益，从而达到最终均衡的局面。Maskin[31]等从信息成本的问题角度出发，指出信息传输空间的维数越小越好，Krishna[32]、严俊[33]等从机制激励的问题角度出发，指出系统的出发点为追求个人收益。

组织间协同的实现是在合作过程中节点组织间协调、互动的一个过程。作为独立经济个体参与合作的组织的出发点是个体利益最大化。因此，在合作过程中很可能会因为信息不对称而采取机会主义行为。组织间关系治理机制是抑制节点组织产生机会主义行为意识，促使节点间关系的协调有序，从而促进协同的实现。Robinsonhe 和 Stuart[34]在研究中发现，有效的治理机制不仅可以协调解决分工与合作、共享与决策、利益分配等问题，还可以抑制节点组织机会主义行为的产生。治理机制的失位会导致冲突与矛盾产生，可能造成合作关系瓦解，甚至影响整个组织间协同的实现与稳定。

2.2.2 组织协同内涵特征及影响因素相关研究进展

"协同"一词源自古希腊文"Synergos"，是协调合作、共同工作的意思。在管理学界，安索夫（Ansoff）在 1965 年《公司战略》中最早引入协同概念，并提出了企业整体价值大于单个活动价值加和的理念，另一方面它也指两个企业在资源共享的基础上产生的共生互长的关系[35]；1971 年德国物理学家 Haken 进一步提出更加系统的"协同"定义，奠定了协同学理论的基础，其认为在自然界和社会中的所有开放的系统都可以被分为若干子系统，而系统的结构、行为与特性并不完全是其子系统的结构、行为和特性的简单累加，其间存有相互耦合协同的关系[36]；后续研究中 Corning 将协同定义为系统（社会或自然系统）中多个子系统间产生的整体效应[37]；席酉民指出：协同主要是指系统与系统、系统与要素以及内部各要素间存在的多种联系，这些联系主要是通过系统内的协同机制发生作用[38]；管理协同研究的代表人物潘开灵和白列胡认为"协同就是系统中内部各要素之间相互作用，从而形成新的整体状态和趋势，协同强调整合、协作的一致性或和谐性，以及在某种模式的支配下，事务或系统产生不同于原来状态的质变过程[39]；杜栋从企业系统角度出发，认为完整的协同概念包含了五个方面的含义：面向人的协同、流程协同、信息协同、应用协同和企业管理的协同[40]；陈劲认为通过协同，可以对组织内各要素的进行整合以及实现资源在系统内的无障碍流动[41]；梅哲群提出组织协同就是指在企业发展的过程中将企业、业务单元、支持单元、外部合作伙伴、董事会和公司战略进行有效连接并创造企业价值等[42]。通过对文献中协同定义的梳理可知，协同的含义并不是简单的两两组合，而是强调在多种不同环境中组织内外部资源整合下“1＋1＞2”的非线性效应。

根据不同的研究视角、不同的维度，不同的学者对协同效应进行了多种类型的研究，主要有：产学研协同、城市群协同、文化协同、供应链协同、区域协同、组织协同、产业协同等几大主要方面。其中，组织协同包含战略、管理、组织结构、人力资源、组织机制等多方面的协同[43]，是目前协同理论在企业相关研究中的重要应用。目前国内外学者在进行协同度测度研究方面采用了问卷调查、层次分析法、DEA 模型、灰色关联模型、距离协同、协调发展度模型、复合系统协调度模型、基于模糊集的定性比较分析（fsQCA）等多种方法，研究对象可分为组织（组织内）和组织域（组织间、外部环境）两个层面。如 Koberg 等[44]基于设计的 8 个问题，运用 5 分法对企业内部跨部门的协同机制进行测度；Ensign[45]从战略、组织、环境三个维度并采用六格矩阵的方法进行了协同的评价研究；李鹏等[46]借助三阶段 DEA 方法，对林果业科研团队各决策单元的协同创新绩进行测度；陈志军等[47]以母子公司为主体，运用因子分析法探索母子公司协同的评价指标体系，并运用 AHP 法构建评价指标模型，认为研发中心的建立有助于打破企业集团内部各个层级、公司之间的局限，实现集团范围内研发资源的协同与优势的互补；张杨和王德起[49]基于复合系统协同度模型，对京津冀的系统协同度进行了定量测度；杨浩昌、李廉水[49]基于灰色关联理论和距离协同模型的测度方法，对高技术企业的知识与产品创新协同进行测度等。同时，由于具有网络关系的组织也会存有显著的协同效应，因此通过网络视角探究组织间协同也是研究的热点。协同创新网络正成为在不确定性市场和技术条件下的战略选择，其不仅包括产业链上正式的产业和经济网络，还包括了社会网络和企业家个人的关系网络等非正式网络[50]；林润辉[51] 等在分析了166 篇 1973—2012 年间的相关论文后甚至将网络组织列入了协同创新的必要前提之一；Freeman[52]讲到："创新协同关系是网络构架的主要连结机制"，连在一起、运作良好可以使创新模式由"随机"逐渐变为制度，其内部成员高度的相互依赖，群内各个节点即商界、学界、中介和政界的相互依赖、相互作用为动力，从而在协同、开放和动态化中结成的密切、交织、错综复杂而相对稳定的联系；刘国巍[53]针对于战略性新兴产业合作网络协同演化问题，在上中下游子网络和二分网络构建及生命周期演化分析的基础上，运用社会网络分析的块模型（block model）对网络协同态势进行测度；阮平南[54] 在网络形成特征分析的基础上，通过构建技术创新网络协同成熟度评价指标体系来评估组织间的协同阶段等；覃成林和黄龙杰[55] 利用城市间发明专利联合申请量作为城市间协同创新联系的代理变量，运用社会网络分析方法和负二项回归模型，分析了粤港澳大湾区城市间协同创新联系的网络特征、空间格局演变及其影响因素。

如果垄断产生的原因是由于产品的技术优势，那么垄断既有可能对协同创新起正向促进作用，也有可能起反作用。具体而言，当自身技术优势明显时，企业可能不太热衷于协同创新；当技术优势相差不大时，则可能会加大对协同创新的投入。如果垄断产生的原因是市场营销，则企业一般对创新不敢懈怠，将会加大对独立研发和协同创新的支持力度，因为不如此将很难继续保持领先地位[56]；相对于垄断与创新负相关的研究结论[57]，夏清华[58]认为垄断可以企业抵御商业模式创新的风险提供重要的实力支撑；并且有学者研究得出中等利润水平和中等垄断程度对协同创新的促进作用最大[59]；符合产业发展的规模经济特点和技术创新要求下，以政府产业政策推动和领军企业共同投资组织起来的研发联合体、技术收购、企业合并等协同创新形式效果显著[60]；余晓钟[61]认为垄断中的自然属性对企业技术创新产生正向影响，有利于技术创新效率的提高；行政属性对垄断企业技术创新产生负面影响，技术创新效率低下；经济属性对垄断技术创新影响具有不确定性。

根据学者现有研究，影响组织协同的因素可以归纳为以下三个层次：组织内部因素、组织间因素和外部环境因素。

组织内部因素：主体的自身特征、资源和能力被普遍认为是影响组织协同、协同创新效率的重要因素，如企业的特征、企业的组织管理能力、企业的研发支出、企业的消化吸收能力、企业协同创新的经验和意愿等。如：陈志军、王晓静等[62]学者从战略导向、组织文化、激励机制及沟通机制四个因素对公司内部研发协同进行了验证，并且提出了激励机制对于公司内部的研发协同有显著影响；Veugelers 等[63] 认为企业的外资份额、R&D 能力、其他补充创新活动、企业的拨款制度、企业分担成本和风险的动机等特征是协同创新的重要影响因素；Sercan Ozcan 等[64]以美国、日本为实证分析背景，探究了创新过程中的相关影响因素，认为企业组织的专利发明和技术转移是协同创新的重要驱动力；蔡继荣等以我国轿车工业中国际合资企业（IJV）竞争性战略联盟为实证研究对象，通过结构方程模型，对关系性资产至于战略联盟协同的影响效应进行研究[65]，研究结果表明：关系性资产对于战略联盟协同产生直接影响，并通过联盟系统结构对战略联盟协同产生间接影响；Sidhu 等[66] 基于技术知识跨界搜索能力和市场知识跨界搜索能力对协同创新的影响研究，指出这两种知识的跨界搜索都能促进协同创新，技术知识跨界搜索尤其在动态环境下更有价值；储节旺等[67]研究发现知识需求发现、知识供给时间、知识匹配度与知识共享程度等因素对企业创新知识协同具有重要影响；蔡翔、赵娟[68]对大学—企业—政府协同创新效率及影响因素进行实证分析，得出研发人力和物资投入共同构成协同创新的双核驱动力量。

组织间因素：在组织协同创新过程中，主体间的互动交流、合作目标、合作意愿、信任关系、地理距离以及文化融合情况都是影响协同创新成果的因素。Ganesan[69]提出合作伙伴的合作意愿和合作动机是构成网络组织中参与者之间协同合作关系形成、各自追逐利益的基础，节点企业间的相互信任程度与协同关系的产生有着密切的关系；曾文杰、马士华[70] 在研究供应链协同问题中表明，合作关系是影响协同的最主要因素，并发现具有沟通、合作、信任、承诺特征的合作关系可以直接影响供应链协同，且正向影响比较明显；孙新波从系统的视角，将知识联盟激励协同影响因素分为知识主体行为、激励协同结构、激励协同动因和知识联盟情境四个维度，并建立了其关系的结构方程模型，结果表明，合作性行为对知识联盟激励协同具有显著正向作用，竞争性行为则具有显著负向作用，知识主体行为完全中介了激励协同结构、激励协同动因和知识联盟情境与激励协同的关系[71]；谢磊等[72]在企业调研、文献研究、专家访谈的基础上，设计供应物流协同研究量表，采用验证性因子分析和结构方程模型进行统计分析。结果表明，合作伙伴关系、信息共享、供应链敏捷性是影响供应链协同的主要因素；曾文杰、马士华[70]根据借鉴组织协调的三元结构机制，建立了企业间协同的 3 个影响因素模型，即信任、权力和激励机制。他们通过对 161 例制造企业供应链再用结构方程模型的实证研究，结果表明企业间信任与激励联盟相互紧密关联，共同作用于信息共享和同步决策；而权力（非强制性）和信任与激励联盟没有明显相关性，而且只对信息共享有直接作用，与同步决策没有直接作用；同时，信息共享对同步决策有显著的正向影响，并通过同步决策改善供应链的运作绩效；Mancinelli 等[73]指出主体间关系是协同创新的关键，强调合作关系对于提高个体和整体创新都具有重要作用；Svetlana[74]通过对组织间 R&D 项目进行探索性、归纳性多案例研究，提供了项目自身架构模式对组织间协同管理的实际证据；夏丽娟等[75] 发现区域之间的地理邻近性对跨区域产学协同创新绩效的影响是正向且显著的；陈伟等[76]人证明信任等关键因素可以通过产学研协同创新主体能力对产学研协同创新共享行为的提升产生显著的正向驱动影响。

外部环境因素：组织协同、协同创新是促进企业发展、经济增长的重要源泉，与制度环境、市场环境、经济环境、网络关系、网络位置、创新资源等外部环境因素有着重要关联。曾小彬和包叶群[77]认为，协同创新的过程，就是协同创新系统内的企业、高校及科研机构、中介和政府等在市场需求拉动下的协同创新，市场需求为协同创新过程指明了方向；白俊红和卞元超[78]的研究表明，全国范围下东部地区和中部地区的政府支持显著的促进了学校和企业的协同创新；郭建杰和谢富纪[79]基于指数随机图模型（ERGM），实证分析得出了网络结构中的星型结构和三角结构对协同创新网络形成的影响；马娟，陈岸涛将影响协同的因素分为内部因素和外部因素，其中内部因素包括：个体因素和群体因素；外部因素包括：制度因素和环境因素[80]；陈伟等[81]基于信任和知识搜索两个中介变量，构建了产学研协同创新共享行为的影响因素模型，运用结构方程模型的方法，通过向高校、科研院所和企业的管理者及员工发放调查问卷，收集数据进行实证分析，得出产学研协同创新主体间建立共享平台有助于提高产学研协同创新能力，并进一步显著地间接影响产学研协同创新共享行为；孙振清等[82]对中国四大城市群协同创新效率及影响因素测度研究，结果表明：外部环境因素对协同创新效率具有显著影响，区域经济水平和政府财政支持力度与协同创新效率负相关，研发支持力度、产业结构和对外开放水平与协同创新效率正相关；Johansen 等[83]对通过对航空航天产业的协同制造网络进行调查，并借助实际项目案例分析，发现网络中成员的协同和网络绩效与网络战略、网络结构、网络文化与知识共享、网络通信四方面的影响密不可分；董媛媛、卢斌斌[84]为揭示知识在协同创新中心网络中的扩散规律，构建协同创新中心知识扩散模型，发现网络平均路径越短，越有利于技术、知识、资金等协同资源的扩散输出；Bjerregaard[85]认为协同创新的优化不仅依赖于协同创新网络的开放程度，还与协同环境、知识距离和制度等有关；Juan[86]指出宏观的创新环境对跨组织的协同创新具有正面影响，政策、技术等因素也影响着创新范式的发展。

综合现有研究观点可以得出，协同思想不仅关注企业自身的内在资源（通过组织内的协同关系实现企业内资源的优化配置和合理应用），同时也关注企业与外部因素之间的关系。协同可以表示各系统之间联系的状态，也可以表示组织、资源等要素整合的过程，还可以表示整体大于各部分之和的效果。由于核工业这类企业具有明显的资源集聚特征，核工业企业间的协同与一般组织的协同不同，特别是国家具有战略地位的核工业产业，具有更强的主体依存性和政府导向性。现有研究仅定义了核工业产业范围，没有分析清楚具体的社会属性、经济属性特征及社会属性与经济属性之间优先层级，也缺少从国家产业组织间组织协同特征分析，导致核工业企业治理存在盲目性，核工业企业间的竞争导致资源配置效率不高等问题，因此需要从组织哲学的视角剖析核工业企业的本质和行业的特性，在此基础上提出企业组织企业协同的内涵和特征。对于影响因素研究方面，现有研究主要集中在一般性组织间协同的影响因素，核工业企业组织间组织协同具有特殊性，政策因素是关键性核心要素，其他维度的影响因素是否同意影响到企业组织组织间的协同需要进一步验证，因此要从资深从业人员开始挖掘，从组织需求入手揭示协同的影响因素，缺少从从业者视角及行业专家视角对核工业组织协同内涵及影响因素的第一视角专业分析。

2.2.3 组织协同作用机理及作用路径研究进展

有关协同影响因素的作用机理与路径研究，不同学者从不同的角度进行了剖析。就协同的作用机理，主要是可分为两方面：一方面是组织及组织间基于资源优化等原因组合分工协作下的自我驱动作用，另一方面源于以政府为主导的外界作用力。陈劲[87]认为协同创新是通过国家意志的引导和机制安排，促进企业、大学、研究机构发挥各自的能力优势、整合互补性资源，实现各方的优势互补；陈捷[88]研究得出组织间技术并购协同过程是多因素，动态性的复杂系统，由政府协同子系统、市场协同子系统、创新资源协同子系统和人员协同子系统相辅相成所组成；李永周，万元[89]在研究高校产学研合作的协同机理中表明，序参量和自组织是协同机理发挥作用的核心，高校产学研合作的有效推进，需要在充分解读序参量概念与自组织理论的基础上，从科技、市场、文化等驱动要素着手，促进创新资源的有效汇聚和活力释放；曾文杰[90]在研究协同机理中指出，沟通、信任、承诺和合作互相联系、相辅相成，是进行基于合作伙伴关系评估的供应链协同管理的基石，供应链中的核心企业和其他节点企业之间通过信息交互技术进行相互沟通并传递关系评价情况，支撑合作企业间伙伴关系的形成，促进供应链伙伴关系的发展，进而最终促进供应链协同；刘丹、闫长乐[91]提到理想的协同创新应具有生态性，在多层次、复杂的网络自身结构下，应辅以良好的环境支持、创新资源的输入和循环流动，通过政策、制度、创新资源的投入等构成协同主体赖以生存的无机环境；Love 等[92]通过实证研究发现，企业与外部协作越多越能产生技术创新产品，这凸显了组织内外协同合作在对创新的作用；解学梅[93]基于绿色创新的供应链企业协同机理实证研究，分析得出团队管理等内部因素和政策驱动等外部因素会在绿色创新战略的中介作用下对供应链中的组织协同产生影响；Sawy and Pavlou[94]认为在组织协同过程中越多的利用到信息技术越有利于创新的产生；Annique 等[95]从利益分配机制研究协同创新；Tyl[96]基于保障机制对协同创新展开研究等。

协同路径研究中：鄢飞[97]从技术创新网络生命周期特征出发，从演化的视角探究物流供应链创新网络主体间的协同形成，这突破了单一的静态视角，将协同机理分为形成、成长，直到稳定阶段，实现对协同路径研究；Antonelli[98]认为大学和企业协同创新过程中的知识互补路径发挥着越来越重要的作用；宁靓等[99]从跨组织协同视角出发对资源协同、利益协同和制度协同进行探讨分析，提出首先动态调整合作过程的资源配置模式，其次构建基于利益导向驱动的政策机制，再次注重制度环境与市场环境的匹配，最后培育以信任和承诺为共识的合作意愿的四部协同发展路径；刘和东和钱丹[100]得出“提高学研方科技成果转化率→选择合理的合作模式→提升合作绩效”是提升产学研协同合作绩效的关键路径；刘海涛[101]认为集团型企业首先要通过建立企业间的利益共享机制和激励约束机制，并进一步引导资源要素在所属企业间横向转移以获得协同效应；蔡启明和赵建[102]以产学研协同创新的流程为基础，将企业、高校和科研院所间的协同创新划分为协同创新联盟建立、协同创新运行及运行过程风险监控 3 个模块，并用流程图清晰表述了协同的运作过程；Dubberly[103]分析了协同创新主体之间的行为模式，他认为协同创新是协同主体之间进行沟通—协调—合作—协同的一个完整的路径；张学文[104]基于知识生产、知识传播与知识创业三大功能视角，对产学研协同创新的路径提出了一种新的分析框架：开放科学与创业科学两大路径模型；魏云凤[105]研究发现个体层、关系层和环境层 3 个维度之间相互作用关系形成对协同的影响路径表现为：网络环境层影响因素→关系层影响因素→企业创新网络协同；个体层影响因素→关系层影响因素→企业创新网络协同两条路径。

综合现有研究观点可以得出，现有研究关于协同作用机理的研究通常对协同作用过程研究比较多，对协同作用的发起研究相对不足，协同作用的激发及初始原因探究不够，特别是由国家政策作为初始动力，且具有社会属性的产业组织间相互协同作用的机理，还需要进一步深化研究；现有研究主要集中在一般性组织间协同的影响因素以及因素间的作用机理，对于在有了协同内部及外部的影响因素作用后，协同行为及协同绩效相关描述相对缺乏，而且从协同行为到协同绩效两个阶段的作用机理及路径研究有待进一步深入。在协同路径研究中，根据作用效果，找寻出最佳作用路径并进行理论分析，并再此基础上挖掘影响因素对协同行为和协同绩效的作用过程，值得进行进一步深入研究。

2.2.4　组织协同治理机制研究进展

“机制”是指在系统中各主体间产生的内在控制方式，是促使系统整体良性循环的规则和程序的总和，而协同治理机制则可以理解为多元主体在一定共识下，为达成一个共同的目标而进行相互协调、彼此合作、共同治理的运作方法，并追求创造“1＋1＞2”的协同效应[106]。显而易见，有效的治理机制可以抑制结点间机会主义的产生，并为合作结点之间的信息分享、分工合作、决策协调与协作利益的合理分配提供基础。如果缺乏有效的治理机制，合作者因利益分配所引起的分歧和矛盾将会扭曲合作关系和行为并使合作伙伴关系瓦解[107]。对现有协同治理的研究文献进行梳理，可以从两个方面进行分类剖析。

（1）基于不同研究视角下的协同治理机制研究

从组织内部管理视角出发：在内部协同研究方面，学者们全面系统地探讨了技术、战略、信任、文化、制度、管理等各内部要素的协同问题及其对企业协同创新绩效的影响。Wang 等[108]提到在经济全球化和市场竞争日益激烈的时代，为了获得更多的资源，解决各种不确定性，最大限度地提高企业利润，越来越多的企业采用战略联盟作为重要的战略工具，在此背景下管理者应高度重视企业联盟经验的积累，并利用经验和组织惯例提升企业的协同治理能力；李兵[109]认为在管理过程中企业应该充分挖掘员工的主动性、能动性和创造性，把组织的意志变为员工自觉的行动，实现协同知识创新；王启亮和虞红霞[110]指出在高的环境动态性情境下，企业应重视组织声誉投资，进而利于改善协同创新中组织间关系质量，以经受环境动态性的冲击；Bunduchi[111]基于研究得出，组织协同下的企业应注重对信任关系的维护，维护信任可以降低协同的成本和风险，提高协同水平；王文华[112]建议在不同阶段企业管理应有侧重点，在获取外部技术知识前期阶段进行知识共享时，技术协同是组织间协同管理的侧重点，而在获取外部技术知识后期阶段进行知识整合时，组织协同是组织间协同管理的侧重点；同时，企业应主动选择与掌握关键资源的合作伙伴建立协同关系，从而更大程度上促进自身创新与发展[113]；李祖超，梁春晓[114]认为协同创新治理机制是协同创新过程中相关要素实现相互联系的动力、规则和程序的总和，它包括若干内部子机制，如协同创新动力机制、决策机制、选择机制、投入机制、利益分配机制等；Previtali[115]对意大利地区的四个典型案例进行了实证研究，结果证实，组织间的协同治理必须以组织结构、流程和参与者之间的积极互动为前提；Baggio 等[116]对中小企业如何通过开放式创新战略协调合作研发（R&D）项目进行实证案例分析，发现协同机制的重视及利用程度取决于项目自身，即某个 R&D 项目成为实际产品的可能性越大，协同机制就越受重视，得出协同治理机制是由企业确定的，而不是由外部伙伴确定的。并且企业寻求外部知识来补充内部资源（由外向内）的开放式创新项目通常被认为比将内部知识转移给外部伙伴（由内向外）更重要，基于此建议中小企业应提高自身对组织协同治理机制适用性的重视；薛恒新提出充分发挥集团的协同效应应主要从选择好成员企业、重构企业集团流程、重组企业集团组织机构、建立和完善集团集成化协同信息管理系统及培植集团文化等方面着手。

从外部环境优化视角出发：在外部协同领域，众多学者分别研究了校企、产学研、中小企业、供应链企业以及产业集群等不同环境下的外部协同管理问题。Yang[117]通过对中小企业间的协同创新进行探索，认为争取政府政策的支持十分重要，并且应组建以企业、学校、科研院所、中介组织和政府机构为中心的协同创新体系；Nakwa[118]认为政府要制定政策来增强协同网络间的信任文化，中介机构加强在网络中填补和连接结构洞的作用，为集体行动和特殊投资提供资金；王文华[119]提到成功的协同治理应该做到在资源分配、战略文化、技术和组织管理上共同协同；Mesquita 等[120]基于购买者与供应商间关系的视角，分析认为关系治理机制主要包含基于信息交换的承诺，基于互助的承诺和基于互惠的承诺的三种治理机制，并且通过实证研究证明了关系治理机制与企业绩效呈正相关关系；Larson[121]从经济与社会两个层面，分析了企业网络组织的治理机制，他认为，经济层面的网络组织治理机制是指企业通过密切的沟通、共享管理系统，协调合作的项目等方式的一种协同机制，明显区别于企业间一般性交易关系；社会层面的网络组织治理机制则主要依靠信任、道德和义务等因素，结合声誉树立等手段，推进企业间的协同；Greve[122]的研究在此基础上进行了逻辑延伸，提出运用契约或委托代理机制等经济手段，约束合作双方的协作行为；运用信任与互惠机制等社会手段实现对合作双方行为的约束；黄义[123]通过对企业与研究机构之间的创新网络协同治理机制进行研究，得出：企业与研究机构间基于知识链的战略网络的协调治理主要包括目标和动机的协调、核心能力协调、信任协调和机制协调四个方面；Bicen[124]通过对 246 个高新技术产业联盟的进行分析，得出联盟的市场定位和发展方向了对协同关系的治理效果会产生很大影响，并在促进关系治理以改善联盟绩效方面起着关键作用；李亚光[125]提出应构建指导协同创新健康发展并包含战略协同、契约协同、资源协同、利益分享、持续改进等机制构成的多方位、多层次支撑系统；Varrichio[126]提出可以通过战略层面的政策和程序制定、外部资金的获取和管理、提升网络中的开放式创新以及创新伙伴关系管理 4 个过程等来形成、加强和连接协同创新网络。

（2）基于不同理论视角下的协同治理机制研究

基于不同的理论视角对协同机制进行分析如下：基于交易成本理论，Eom 和 Lee[127]在调研了 538 家韩企之后发现，分担成本和风险是企业同大学和科研机构合作的最为重要的两大动机，这两大因素对协同治理的实现效果至关重要；胡昌婷、李玲[128]基于 TIM 理论视角，将协同创新机制分为成员协同机制、人才培养协同机制、科研管理协同机制和科研成果协同机制；资源依赖视角下，Amit[129]提出协同机制的形成需要经过要素识别、要素资源选取及要素资源的开发及联合这三个过程；凌峰等[130]认识到新兴产业的发展离不开主体、资源、环境等创新要素的有效供给，供给体系中各要素的协同作用方式及相互关系更为重要，在此基础下将创新要素的协同机制划分为供求机制、价格机制、竞争机制、投入机制、监管机制、激励机制六大部分；Jain[131]通过敏捷治理的视角对新兴市场下供应链企业间的治理问题进行探讨，提出并强调了信任和社会关系以及资源因素在治理过程中的重要性；陈红喜[132]以“三螺旋”理论为支撑点，将具有不同价值体系的政府、企业和高校统一起来，组建以研究、管理、教育和市场为核心的运作机制，形成知识领域、行政领域和生产领域的三力合一，进而促进政产学研的有效协同；Ferraro、Iovanella[133]提到在协同创新网络的发展过程中，组织间的协同治理方式由一名杰出的成员在管理系统中发挥领导作用逐渐转变为将协同和管理的角色扩展到整个网络，形成了新的组织治理框架；Gao 和 Yin 等[134]基于资源观，构建了“跨组织协作网络-组织学习-创新绩效”的理论模型，研究发现企业内部协同网络中心度和联系强度越高，团队成员之间的协同互动渠道的数量和频率就越大，越有助于促进企业的开发性学习和探索性学习；王维、刘华芳、周鹏[135]基于博弈论理论，在构建小微企业非对称联盟合作进化博弈模型的基础上对小微企业与优势企业合作演化路径进行分析，提出小微企业在外部约束环境条件下，应加强企业间的相互监督，健全合作保障协议，政府应在约束保障条件完备外，实行差异化的监管政策等协同治理建议。

利益是产学研协同各方主体发挥主观能动积极性的根本动力来源，而为了确保有关各方的收益，关键是要建立合理、有效的利益分配机制。张彤、张世英[136]针对以母子公司为主体进行投资经营的企业集团，运用产权经济学和契约经济学的基本理论和分析方法，探讨了不同分配方式对企业集团中成员企业行动选择和集团协同绩效的影响，得到按照股权分配利润优于契约分配方式的结论；Brian 等[137]采用合作博弈的理论框架，制定了混合整数线性规划和二层整数非线性规划来对厂商合盟下的疫苗进行定价研究，并对应提出一套利润共享机制确保所有成员获利；Patra[138]基于绿色敏感消费者需求下智能手机供应链中的利润分配问题进行研究，得出平衡权力结构最适合供应链系统的发展，同时其利润也是最高的；Fahimullah 等[139]考虑知识投入、知识存量、知识吸收能力、联盟协调成本、开发成本等因素，构建了知识共享利润函数，并在此基础上结合 Shapley 值进行利润分配；姜春等[140]尝试提出新型研发组织运行治理多层嵌套框架，并据此设计各方参与的利益分配函数，构建新型研发组织多层次激励协调博弈模型，分别从合作阶段和非合作阶段进行求解和推论；雷永[141]认为产学研联盟的利益按照其可获得性和可量化程度可以分为利润、成果等有形利益和信誉、形象、经验等无形利益，利益分配过程中会受到收入、贡献水平、风险承担等因素影响，应按照平等、公平兼顾效益、互利互惠、风险补偿等原则进行分配，分配方式可选择固定报酬、利益共享和混合支付等多种模式。利益分配是对创新主体利益关系的反映，其内容涉及利益分配原则，利益分配方案的确定以及利益分配方式的选取等，未来在协同治理过程中应逐渐扩大分配机制的研究范围，如权力分配、资源分配等。

通过上述文献可以看出：以往对某个产业组织间协同的治理机制，对产业组织的内外部环境作用的分析不够深刻，从不同视角对组织间协同的动力及分配激励机制有待更加深入的研究。过往对组织协同的机制研究忽视了组织的整体性和动态性，在不同的产业发展周期，由于面临的矛盾不同，企业组织间协同的表现也将呈现不同的特征，因此需要采用不同的治理策略。产业的发展与企业组织的良好发展需要兼顾个体理性与集体理性，个体理性与集体理性选择坚持的重点是有差别的，现有研究对于核工业企业组织的个体理性与集体理性研究较少，以前的研究对这方面研究不够深入。

2.3 本章小结

通过上述分析可以发现，学者对相关企业参与组织协同的内涵及特征，组织间关系、组织间关系的治理及内涵，组织间协同、组织间协同的治理及策略进行了大量的研究，为后续研究奠定了基础，取得的成果也多次被后来的研究引用。但还存在一些不足之处：

第一，现阶段对具有重要社会属性核工业企业间组织协同内涵特征及影响因素的研究主要存在以下不足：（1）对具有社会属性产业内涵挖掘不够，对核工业产业对国家发展认识的深度不够，现有研究仅涉及了产业属性，但是没有分析清楚具体的社会属性、经济属性特征及社会属性与经济属性之间优先层级；（2）对组织协同研究比较多，对具有社会属性产业企业间协同研究比较少，由于企业具有明显的资源集聚特征，企业间的协同与一般组织的协同不同，特别是国家具有战略地位的核工业，具有更强的主体依存性和政府导向性，相关研究需要具备更强的针对性与专业性，目前这个领域研究有意义且还比较缺乏；（3）核工业企业间组织协同需要从规制的层面、组织的层面、技术的层面等对技术标准化的本质、对组织协同中集体理性与个体理性的内涵和产业特征需要进一步理清。（4）关于组织协同的影响因素研究内容比较多，有组织内部、组织间、组织外部多种因素，但是由于核工业领域信息对外公布较少、研究讨论核工业企业间组织协同影响因素研究和文献相对较少，缺少从从业者视角及行业专家视角对核工业组织协同内涵及影响因素的第一视角专业分析。

第二，现阶段关于核工业组织协同作用机理及作用路径研究主要存在以下不足：（1）现有研究关于协同作用机理的研究通常对协同作用过程研究比较多，对协同作用的发起研究相对不足，协同作用的激发及初始原因探究不够，特别是由国家政策作为初始动力，且具有社会属性的产业组织间相互协同作用的机理，还需要进一步深化研究；（2）现有研究主要集中在一般性组织间协同的影响因素以及因素间的作用机理，对于在有了协同内部及外部的影响因素作用后，协同行为及协同绩效相关描述相对缺乏，而且从协同行为到协同绩效两个阶段的作用机理及路径研究有待进一步深入；（3）在协同路径研究中，根据作用效果，找寻出最佳作用路径并进行理论分析，并在此基础上挖掘影响因素对协同行为和协同绩效的作用过程，值得进行进一步深入研究。

第三，现阶段关于核工业组织协同治理机制研究主要存在以下不足：（1）以往对某个产业组织间协同的治理机制，对产业组织的内外部环境作用的分析不够深刻，从不同视角对组织间协同的动力及分配激励机制有待更加深入的研究。（2）过往对组织协同的机制研究忽视了组织的整体性和动态性，在不同的产业发展周期，由于面临的矛盾不同，企业组织间协同的表现也将呈现不同的特征，因此需要采用不同的治理策略。（3）产业的发展与企业组织的良好发展需要兼顾个体理性与集体理性，个体理性与集体理性选择坚持的重点是有差别的，现有研究对于核工业企业组织的个体理性与集体理性研究较少，以前的文献对这方面研究不够深入。

第3章　面向技术标准化中国核工业组织协同内涵特征及影响因素

第1章就中国核工业组织发展背景及存在的问题进行了介绍，指出不协同的集团组织间关系既阻碍了核工业社会属性的实现又影响其经济属性的落实。第2章通过现有文献资料，综合梳理了产业组织、组织生态、组织合作相关理论，以及目前核工业企业组织间协同治理研究进展。本章将根据前述提出的理论框架和研究启示，分析中国核工业属性特征、组织协同的内涵、技术标准化与组织的关系，从产业哲学视角揭示了中国核工业社会属性特征，技术与组织的本质，技术标准化是实现组织协同的一种手段，本章深刻剖析了技术标准化与组织协同的内涵，通过德尔菲法揭示了面向技术标准化中国核工业组织协同的影响因素，并建立理论模型，为研究中国核工业组织协同的机理和路径奠定基础。

3.1　中国核工业组织及其制度环境分析

3.1.1　中国核工业内涵分析

从行业性质及地位来看，国家有一种类型的产业，通过政策性壁垒维护统治者地位，并以立法形式使之合法化的由国有经济进行控制，关系国民经济命脉、国家安全的行业以及依法实行专营专卖的行业。例如：石油、电力、铁路、通信、核工业等产业，具有经济、社会目标的双重属性；就其资本规模和技术工程而言，需要巨额投资，且具有不可分性；就其施工过程而言，建设周期较长，因此投资回收的周期也很长；就其存量资本的流动性而言，具有较强的凝固性，产业的外部效应一般较明显。这类产业属于适度超前发展的产业，他的发展将带动相关产业的发展升级，发展意义重大。

因此，从以上分析我们可以看出，中国核工业发展的意义不仅在于产业经济性及产业本身的发展，更重要的意义在于产业的发展对于其他产业的引领及带动作用，在于代表国家进行产业的投资与建设，在于需要站在国家发展的高度超前思考：国家的发展需要什么样的核工业，核工业需要如何发展对国家的产业链带动发展更为有利，按照国家的需求进行发展，这就是核工业发展的核心内涵。

3.1.2 中国核工业组织属性特征

核工业是非常具有特殊意义的产业。核工业区别于一般的产业，在于它具有社会属性及经济属性，高度依赖与国家发展战略，社会属性及经济属性在核工业产业统一呈现，我们要管理好核工业组织，首先要认清核工业产业组织特征及核工业产业的组织特性。军事需求、国家战略、行政指令、规模化效应都体现核工业的社会属性，电能生产、技术创新带动产业升级，体现其经济属性。

核工业的社会属性要求全国上下统一行动听指挥。核工业在军事上保障国家战略安全，战略核武器保障国家战略威慑力量。核军工保障国家战略安全，核电提供国家经济发展能源保障，核军工、核电都属于核工业产业模块，但这两块从界限上又很难区分得非常清晰，比如，舰艇核动力的技术与核电反应堆技术在反应堆堆芯、燃料组件、安全防护、放射性废物处理，都采用相同或十分相似的工艺；铀资源和核燃料，从铀矿勘查采冶、纯化转化、浓缩到核燃料元件生产，都是军民两用的基础环节；核科研开发、核安全、人才、后处理、放射性废物处理处置等是军民两用的；装备制造、仪器仪表、仪控系统、材料、化工等配套领域也军民通用。在国家外部政治外交环境比较复杂的阶段，核工业组织发挥其社会属性，通过军事斗争准备捍卫国家安全，保护国家领土完整及人民生命财产安全；在发挥核工业军事需求属性的情况下，整个核工业组织就应当是全国一盘棋，统一服务于国家战略安全的需要，这时候不需要产业间的竞争，就需要统一资源满足军事发展的需求，这就是国家建设核工业产业最根本的组织目的。

核工业具有国家垄断属性及规模化效应。从行业性质及地位来看，所谓国家垄断行业，是指国家通过政策性壁垒维护垄断者的垄断地位，并以立法形式使之合法化的由国有经济进行控制，关系国民经济命脉、国家安全的行业以及依法实行专营专卖的行业。核工业具有经济、社会目标的双重性；核工业就其资本规模和技术工程而言，需要巨额投资，且具有不可分性；就其施工过程而言，建设周期较长，因此投资回收的周期也很长；就其存量资本的流动性而言，具有较强的凝固性，产业的外部效应一般较明显；核工业属于适度超前发展的产业，他的发展将带动装备制造产业的发展升级，发展意义重大。因此，从以上分析我们可以看出，核能产业属于国家垄断产业，作为国家垄断产业的意义不仅在于产业经济性及产业本身的发展，核能技术的升级换代将带动国家装备制造业进行转型升级，这也是核电与高铁一道作为“国家名片”，响应国家“一带一路”倡议实施“走出去”的战略支撑。更重要的意义在于产业的发展对于其他产业的引领及带动作用，在于代表国家进行产业的投资与建设，在于需要站在国家发展的高度超前思考：国家的发展需要什么样的核能产业，核能产业需要如何发展对国家的产业链带动发展更为有利，这才是国家垄断产业核心意义所在。

核工业具有行政垄断属性。王学庆[142]认为“垄断行业可以分为自然垄断行业和行政垄断行业”，并将电力、电信、铁路等 12 个行业归于自然垄断行业，而将石油石化、广播电视、烟草等 5 个行业归于行政垄断行业。“价格上涨的微观基础研究”课题组（2012）基于行业经济技术特征角度，将垄断行业分为自然垄断行业、行政垄断行业和其他垄断行业，他们将水、电、燃气、铁路等归为自然垄断行业；而将烟草、石油石化等划为行政垄断行业；由于信息技术变革导致通讯物理载体由有线扩展出无线，通信服务业的自然垄断属性大为下降，因此，他们将通信服务看作是其他垄断行业。吕祥永[143]认为，“中国的垄断行业和一般国家的垄断行业有所不同：一是中国垄断行业的形成不是由于竞争出现生产集中而形成垄断，而是由政府某一部门单独经营而形成的。二是中国的垄断行业与政府部门结合得非常紧密，它不是靠经营形成垄断，而是由政府的一个部门转化而来。如石油、石化、电力、电讯等都是靠政府权力来实行垄断”。因此，行政垄断比自然垄断有着更强的政府属性。如果仅用“自然垄断行业”来代替“垄断行业”是欠妥当的，为了深入研究我国垄断行业的垄断壁垒产生的真正原因，还是要区分垄断行业的自然垄断属性和纯行政垄断属性。行政垄断进行测度：“国有化比重、行业集中度、是否具有明显价格规制、垄断行为程度及产业利润率。”由于核工业目前三家企业都属于国资委下属大型央企，100％由国有资本控股，民用核电项目的审批权限属于国务院，军用归口管理单位为国家国防科技工业局，民用核电项目管理归口在国家能源局，核电安全管理归口在国家环保部所属国家核安全局，核能行业属于国家法定控制的行业，属于强势行政垄断行业。行政垄断行业的属性意味着，政府控制着行业发展的方向与发展节奏，行业的垄断属性符合国家的最大利益，国家利益是行业发展的最大利益。

因此，核工业军事需求、行政垄断、规模化效应都体现核工业的社会属性，核工业组织发展的目的就是集中资源满足社会属性，在核工业内部要求合作大于竞争，个体理性服从集体理性，体现国家发展核工业的根本价值。

核工业经济属性体现了市场竞争。核工业组织通过核能发电等其他途径参与经济建设，发挥其经济属性，核技术的多领域应用，为经济发展提供清洁能源及技术支持，我国核能发电量占全国发电量约5%，核能是优化能源结构、减排温室气体和解决能源污染的有效手段。我国以煤为主的能源结构已经难以为继，2019 年，我国煤炭占一次能源消费比重超过50%，远高于27%的世界平均水平。煤炭导致的雾霾问题也已成为国家之痛，环境承载力已经达到了极限，能源结构亟待调整。核电几乎不排放二氧化碳、二氧化硫、粉尘和氮氧化合物。2019 年，我国核电发电 3483 亿度，与同等发电量的煤炭发电相比，核电节约标准煤 1.4 万吨，减排二氧化碳 3.4 亿吨，减排效果十分明显。要实现 2060 年碳中和目标，兑现雾霾治理的承诺，优化能源结构，实现非化石能源比重的目标，核电不是选项，而是我国能源发展的必然要求。

核电“走出去”是执行国家战略。核电走出去已成为国家战略，核电已成为国家新名片，这对带动装备制造业走向高端，打造中国经济“升级版”意义重大。以出口我国自主知识产权三代核电技术华龙一号为例，设备设计、制造、建安施工、技术支持均由国内提供，单台机组需要 8 万余台套设备，国内可有 200 余家企业参与制造和建设，可创造约 15 万个就业机会。出口价格约 300 亿元人民币，相当于 30 万辆小汽车出口价值。如果再加上数十年的核燃料供应、相关后续服务，单台机组全寿期可以创造约 1000 亿人民币产值，核电出口拉动我国经济增长和结构调整的作用十分明显、潜力非常巨大。

福岛核事故后，全球核电发展在曲折中前进，目前已呈现出加速回暖的态势。从国际核电市场需求看，共有 72 个国家已经或正在计划发展核电，其中有核电并继续发展核电的国家有 27 个，无核电但正在开发核电的国家有 17 个，其中越南、白俄罗斯、阿联酋等国的首台核电机组已开工建设，无核电正计划发展核电的国家有 28 个。国内核电建设也逐步复苏，“十四五”期间也将以每年 6～8 台速度推进。

因此，核电站的建设不仅为国家提供经济发展所需电能，助力实现碳中和的目标，还将对国家经济发展、产业链的发展起到良好的带动作用，体现核工业的经济属性、优化国家能源结构。我国核工业几家央企集团在体现经济属性的同时，形成竞争的局面，竞争促进了核工业产业的快速发展，各大核电集团也在经济属性的影响下取得了快速发展，形成了先进的核电技术，但各企业集团的发展首先肯定是基于个体发展需要的个体理性条件下的发展，目的是进一步获得与其他企业集团竞争时的竞争优势，保持个体良好发展状态，往往在集体理性方面体现得不够充分，多领域形成了激烈竞争局面。

核工业组织的社会属性的内涵就是以国家利益为根本。核工业的诞生源于国家军事安全的需要，性质属于国有企业，快速发展依靠于核电站的建设与高效运行，可以说，核工业诞生于社会属性需求，发展于经济属性需求。社会属性要求全国上下一盘棋，集中命令听指挥；经济属性要求按照市场经济规则开展市场竞争，通过竞争实现优胜劣汰，市场选拔出优质商品。在核工业发展之初是作为政府计划安排整个行业发展，随着政府机构改革，各大部委变身军工集团，参与市场竞争，在需要发挥经济属性时支持经济建设。当社会属性与经济属性不冲突时，企业组织获取经济利益，行业在竞争中发展，同时实现个体快速发展；当国际国内形势变化，社会属性与经济属性冲突时，企业组织必须优先满足社会属性，其次才是经济属性，因为社会属性才是核工业的根本属性，要求全国上下一盘棋，统一命令听指挥。这意味着核工业组织之间是一种有限竞争，有效合作的关系。竞争只能是经济属性的竞争，不能影响社会属性的发挥；合作可以是最大范围的合作，因其有利于经济属性与社会属性的需求。国家发展和支持核工业是因为社会属性的要求，支持核工业经济属性的发挥是因为既有利于经济发展，又可以寓军于民、以民养军、体现国家最大利益，更好的发挥核工业的社会属性，属于双赢的局面。同时，就算在行业发展环境不利时期，国家也会不只顾经济属性，继续支持核工业的建设，目的就在于保留核工业的组织队伍，保留核工业社会属性的功能，实现核安全保障的基本目标。

3.1.3　中国核工业组织的社会属性与制度环境的互塑性

中国核工业组织的社会属性决定了需要相关制度层面的规制对产业社会属性的实现进行落实，制度环境同时也保障核工业社会属性的发挥，体现了核工业组织社会属性与制度环境的互塑性。对核工业企业组织组织而言，实现组织自身的发展是个体理性，通过竞争生存发展是第一位的，然而，核工业的社会属性令企业组织组织又不能完全只考虑竞争，在考虑个体理性的同时，企业集团也要考虑集体理性，即满足国家发展的要求。因此，核工业组织之间合作是体现集体理性、有效的合作，范围越大越好；核工业组织之间的竞争是有限竞争，不能影响社会属性的发挥，不允许个体理性超越集体理性，社会属性要优先于经济属性，个体理性要服从于集体理性，否则，国家将是利益受损一方。

因此，对于具有明显社会属性的核工业，政府的制度引导及规制就显得尤为重要。政府通过制度层面的顶层设计，为具有社会属性的产业发展创造了发展环境，同时也限制了产业发展边界及竞争状态。核工业的发展起源于国家战略安全的需要，上世纪 50 年代国家组建核工业部研制成功原子弹、氢弹及核潜艇，保障国家安全，核工业全产业链都在国家掌控。上世纪 90 年代，国家为引入内部竞争机制，五大部委拆分为十大军工企业集团，核工业部分为中国核工业集团和中国核工业建设集团两家。1994 年国家引进法国百万千瓦技术大亚湾核电站，出资成立的中广核集团。2007 年国家为了消化吸收美国三代核电技术成立的国家核电技术有限公司。至此，核电领域形成“三足鼎立”局面，但三大集团相对实力是不均衡的，中核集团作为核工业原有国家团队拥有全产业链的优势，技术优势比较明显，中广核集团与国家电投（中电投与国家核电合并）技术力量竞争相对处于较弱状态。三个企业集团之间的竞争应该说一定程度上确实促进了核电产业技术的快速发展，但是各集团也面临较大竞争压力，各方都不愿意在技术方面失去话语权，所以彼此都不共享重要实验数据、设计计算模型等设计基础数据，导致形成重复建设与同质竞争，这种局面的形成都是政府对产业发展的引导形成的。由于产业限制，不会对外资进行开放竞争，竞争都是政府通过制度规制设置而成。

综上所述，核工业社会属性的发挥需要制度环境层面的规制来实现，社会效益与经济效益的关系也需要制度环境层面的规制来进行调节，与此同时，制度环境层面的规制也不是一成不变的，也是一个动态调整的过程，制度环境也需要随着核工业产业的发展，产业竞争形态的变化，进行适时的调整与修正，才能满足核工业社会属性得到充分、优先的发挥。目前，中国核工业呈现出几家大型集团寡头垄断的局面，寡头组织间属于竞争合作的关系，组织只顾个体理性缺乏集体理性的竞争不仅有碍核工业社会属性的发挥，也会影响经济属性的表现。因此，要实现社会属性需要寡头间实现组织协同，同时需要有与时俱进的制度环境层面的规制，正如技术标准化就是一种规制手段。

3.2　中国核工业技术标准化与组织间关系

3.2.1　技术和组织的本质及其关系

从技术视角来看，技术不仅是人类为提高社会实践活动的效率和效果而积累、创造并在实践中运用的各种物质手段、工艺程序、操作方法、技能技巧和相应知识的总和，作为一种复杂的社会现象，它也是人类的一种特殊的实践活动方式。德国著名的技术哲学家 F. Rapp[144]也明确指出："技术是人类根据自己的目的，深思熟虑地、有计划地、有目的地设计和引导自然力的结果"。清华大学陈劲[145]教授认为："技术是实现人类目的的重要手段，技术的进化对于技术创新政策与管理具有重大影响"。美国经济学家 W. Brain Arthur[146]认为："技术是由其他技术构成的，技术产生于其他技术的组合"，"之前的技术形式被作为现在原创技术的组分，当代的新技术成为构建更新的技术的可能的组分，称之为技术的组合进化"，"技术的建构不仅来自已有技术的组合，还来自于对自然现象的捕捉和利用"，"技术组件的集成或组合是为了满足他们的目的"。所以，"技术是实现人的目的的一种手段"，"技术的本质是被捕获并加以利用的现象的集合"。

Gould 和 Eldredge[147]认为，已有组织形态和组织群落的变化通常遵循一种缓慢的逐渐演化的渐进模式，而新的群落往往出现在不连贯的迅速变化的时期，被称为"间歇性平衡"模式。熊彼特[148]将这些变革时期称为掀起"创造性破坏风浪"的时期，他认为新技术是创造新型组织和新行业的主要原因。由于组织惯性与沉没成本的存在，如果要对现有组织形式进行重大改变，会面临难以逾越的障碍，因为首先必须"去学习"那些来之不易的专长能力。

White、Breiger、Boomman[149]认为产业可以看作由技术和客户所界定的一系列利基构成，这些利基造成相似地位组织的“同伴群伙”，同伴群伙的成员总是互相关注对方在价格、产量、质量方向的动向。Podolny、Stuart 和 Hannan[150]认为技术重叠分析是发现产业中利基的方法之一，例如，在同类技术上拥有专利的企业以及用了相同专利的企业就很可能是同一个利基内的竞争对手。此外，利基内的技术变革似乎遵循着同样的节拍，Tushman、Anderson[151]认为某些技术的创新具有专长推进的特点——以现有的组织知识、技能和惯例为基础，因此这些创新会增强现有成员的地位，提高新进入者的进入障碍；另一方面，对于全新技术，由于不受沉没成本和现有技术相关技能的约束，机会对新进入者敞开，从现有成员角度看，创新具有专长阻碍的性质。利基中现有企业通常对于根本性技术变革和接受相对较慢，并受自生能力制约。因此，对于新技术的开发与利用，新进入者比现有成员处于更有利的地位，因为新进入者比现有成员更容易开发和接受具有根本性意义的技术突破。所以，突破性新技术的引入往往伴随着现有成员的衰落和新进入者的崛起并且带来新的组织形式。Gould、Eldredge[147]认为这种“创造性破坏风浪”，与生物进化过程中平衡状态间歇呈现的现象类似，在一段技术纷争（革命/或范式转移）之后，是一段渐变和完善（演化/常规科学）的时期。

因此，技术通过利用发展中的现象实现进步，而组织作为技术的载体，与技术一道，通过不断地经历“创造性破坏风浪”感受创新与迭代的过程，组织将跟随技术进步的步伐，实现优化与重塑。

3.2.2 中国核工业技术标准化的内涵

标准化是在经济、技术、科学及管理等社会实践中，对重复性事物和概念通过制定、发布和实施标准以达成统一的过程，以期获得最佳秩序和社会效益。标准化对于形成规模经济、提高效益和竞争优势的价值。

技术标准化已经成为高技术产业市场国际竞争的战略工具。技术标准化可以激励技术创新和技术扩散；优化市场结构，规范市场的秩序；降低产品成本，提升规模效益；创新生产要素，推动上下游关联产业发展；促进产业间的贸易发展；提高产品的精益化水平。对于新兴高技术产业，技术标准中的兼容性和适用性功能至关重要，相关标准的掌握往往是决定企业在行业地位的重要因素。技术标准更新的频率取决于技术创新的速度，技术标准的竞争力水平反映了本国产业在国际上产业竞争中所处的竞争地位。

究竟什么是技术标准化？国际标准化组织（ISO）对标准化的定义为：为所有有关各方的利益，特别是为促进最大的全面性节约并适当考虑产品的使用条件与安全要求，在所有有关各方协调下进行有秩序的特定活动所制定并实施各项规则的过程[152]。主要目的为：（1）全力节约在生产与贸易方面的人力、材料与动力等；（2）保护消费者在产品与服务方面的利益；（3）安全、健康以及生命保护；（4）提供有关各方之间的表示及传递的手段[153]。

在中国标准化与信息分类编码研究所将标准化定义为：为在一定的范围内获得最佳秩序，对实际的或潜在的问题制定共同的和重复使用的规则的活动，称为标准化。标准化是指在经济、技术、科学和管理等社会实践中，对重复性的事物和概念，通过制订、发布和实施标准达到统一，以获得最佳秩序和社会效益。它包括制定、发布及实施标准的过程。标准化的重要意义是改进产品、过程和服务的适用性，防止贸易壁垒，促进技术合作[154]。

我国正在大力实施转变经济发展方式，经历从“中国制造”向“中国创造”的战略转变，标准化工作是国民经济和社会发展的重要技术基础，是推进我国技术进步、产业升级、提高质量的重要因素，随着经济全球化的日益发展，我国的标准化也必须借鉴发达国家的先进经验，着重做好标准制定的国际化、标准运作的市场化等方面的工作。政府、企业及质检机构应切实加强对国外标准体系和先进标准的研究，在标准管理和标准制定的过程中采用全球化的视角，使我国标准化工作更加适应世界经济发展的要求，以帮助国内企业更好地参与国际竞争。同时，更好地利用国际上关联产业的科技创新成果，技术标准化之后能够更加方便的融入国际科技创新的环境，共享科技创新的资源和环境。

Tech. A A 和 Suo S 把标准化看作知识与技术传播的过程[155]，从技术研发到转化为专利，再集成专利为标准，再到进行标准产品生产与大规模市场推广过程[156,157]。时建中和陈鸣认为技术标准化即技术标准的形成过程，过程中不仅须体现标准所有人利益，同时也应充分考虑标准使用人利益[158]。对标准使用人来说，产品或服务的标准化，减少了交易成本。对企业而言，通过参与标准化，不但可以在竞争中占据竞争优势[159,160]，同时也能节省交易过程中的费用[161]。由定义可知，完整的技术标准化包含三项主要活动：(1) 进行标准技术方面的研发，并将研发的技术申请为具备法律意义的专利；(2) 将申请的标准专利整合为一项技术标准，并在此基础上进行标准产品的研发与生产；(3) 将研发生产的标准产品推向市场，借助产品的扩散实现技术标准的市场扩散，进而利用技术标准具有的锁定效应[162]，提升其市场影响力与竞争力。

因此，技术标准化包含了两方面的内容：一方面，在分析技术标准规制作用的基础上，认为技术标准化是围绕制定规范市场活动，维持市场秩序的技术标准而开展的活动，目标主要是完成技术标准的制定；另一方面，从技术标准经济作用的角度出发，认为技术标准化是实现技术与知识的市场扩散，获取经济收益，提升竞争力与影响力的动态过程。

在目前核工业技术发展阶段，进行技术标准化非常有必要，原因如下：第一，技术标准化使技术研发更高效，技术标准化能够统一技术标准，凝结各方技术发展经验，发挥各方技术优势，减少同质竞争与重复建设，集中力量开展技术创新；第二，技术标准化使产业发展更高效，技术标准化对产业发展的促进是显而易见的，无论是产业链上游的燃料制造、设备制造、核电工程建设等环节，都能够统一模式，提升效率；第三，技术标准化使行业管理更高效，以核电项目为例，主管部门对项目的审批、业主对机组的运营管理、监管机构的审查和监管等环节，都能够减少因技术差异造成的繁琐问题。

本书技术标准化定义为核工业企业之间通过技术的进步及各自的发展形成统一的设计技术标准，通过统一的标准建设标准化的核电站产品，实现监督管理标准化，推动自主标准走向世界，通过规模化生产提升产品经济性、以提高产品竞争力。

3.2.3　中国核工业组织协同的内涵

从协同学视角来看，协同效应是系统内各要素之间相互作用而产生的整体大于部分之和的整体效应。协同学认为，不同系统之间虽然存在性质上的差异，但是在一定条件下，其内部子系统都可以通过彼此间相互配合而促使系统整体产生协同效应，这就是协同效应的普遍性。通过研究发现，协同效应普遍存在于组织之间[163]。Prigogine[164]基于耗散结构理论认为，系统内各要素之间的非线性互动是促使系统向有序方向发展、实现协同的关键。张倩男[165]认为协同与产业组织的实现路径是非线性的，并不是网络组织形成后协同就可以实现，协同效应是多种因素共同作用的结果。Campbell 和 Luchs[166]在分析合作过程中主体间矛盾与冲突问题时，指出了产业组织治理的必要性。然而，在中国核工业寡头竞争环境中，参与各方存在个体利益追求的差异性，因此可能出现个体理性与集体理性偏差甚至冲突的现象，因而出现合作关系会偏离有序平衡状态，而导致合作关系不稳定，从而限制了产业整体的发展绩效甚至造成国家利益受损。因此，产业组织想要实现协同、产生协同效应就需要进行组织治理。协同可以促进网络节点组织之间降低交易费用、进行资源与能力的互补及扩大知识溢出等这些都可被认为是协同产生的效应，也称为协同效应。

从产业组织视角来看，核工业组织协同按照产业组织理论经典的“结构-行为-绩效”角度分析，将政府政策看作是影响环境的外生变量，是实现协同的重要因素，政策影响第一改变了市场结构，紧接着就改变了市场行为，绩效就是由于结构和行为的改变，自然产生的。任何核工业企业组织成员的增减，都会造成核工业产业结构的变化，增加某一个企业或减少某一个企业组织，都需要从核工业产业结构全局来考虑增减结构的意义，因为结构的变化就会引起行为的改变，行为的改变就会影响绩效的结果。从核工业的产业属性要求来看，组织协同就是要企业之间合理的发挥集体理性和个体理性的作用。

从经济学视角来看，以 Adam Smith[167] 为代表的古典经济学认为，市场机制能够自动的引导资源最优配置。19 世纪末期，以马歇尔为代表的新古典经济学看到现实经济活动中存在垄断现象，并指出垄断会带来垄断利润的产生或均衡价格的上涨，妨碍资源的最优配置，这种规模经济与垄断之间的矛盾被称为“马歇尔悖论”（Marshall's Dilemma）。1933 年英国剑桥大学经济学家琼·罗宾逊（J·Robinson）的新著《不完全竞争经济学》和 1936 年美国哈佛大学张伯伦教授的著作《垄断竞争理论》几乎不约而同的问世，两部著作围绕着竞争和垄断的关系进行了更接近实际的全面探索，修正和发展了西方传统经济学中的竞争垄断理论。张伯伦和罗宾逊提出垄断竞争理论，认为由于存在产品的差异性，现实当中典型的市场结构并非完全竞争，而是垄断竞争。在垄断竞争市场结构中，厂商具有一定的决定价格的“市场力量”，这种力量会使垄断利润长期存在。因此，单靠市场机制的自发作用是不足以实现资源最优配置的，而必须由政府出面对垄断势力加以干预，才能确保市场的适度竞争，这就体现出组织协同的必要。

从组织生态视角来看，组织的生存策略有两种——“专门化”与“通才化”，前者只能容忍一定限度的环境变异，后者可在多种环境条件下生存和成长。Freeman 和 Hannan[168]认为群落的“生态位宽度”指的是“它能容忍的资源变动范围”。Freeman 和 Hannan[169]在其划时代论文中提出，环境生态位的变化有两个维度：时间和“粒度”——经常性的小变化（“小粒度”）或偶尔的大变化（“粗粒度”）。他们认为，专门化组织通常规模小但精干，更容易在小粒度环境里成功，而通才化组织则拥有“抵御”环境波动的能力，能更好地适应粗粒度和不确定的环境。竞争过程通常取决于组织生态位的位置。以前获得较高生态位的组织想保持它的生态位优势。成立时间不长、生态位较低的组织想提高生态位的宽度，提升抵抗风险的能力与竞争力，拼命实施通才化，提高抵御风险能力。中国核工业的现状是既有成立时间比较长的“通才化”组织，又有成立时间比较短的“专门化”组织，“通才化”组织希望维持个体垄断地位，“专门化”组织努力在产业竞争中占据一席之地，从而避免被兼并。在这样的激烈竞争过程中，组织如果只重视个体利益，往往会发生个体理性超越集体理性的情况，造成同质竞争、重复建设、对外竞争，损害国家利益的情况，这时就需要组织通过协同来避免或纠正相关忽略集体理性的行为。

3.2.4 中国核工业技术标准化与组织协同的关系

技术标准化是促进组织间关系协同的规制手段。实现技术标准化知易行难，协同对于企业技术创新而言不是一蹴而就形成的，而是随着企业内部节点之间合作的不断深入而发展的[170]。企业间竞争大于合作的局面是一直以来中国核工业发展的现实状况，想要通过技术标准化去优化与重塑组织关系，关键是要让核工业集团组织深刻认识技术标准化的意义、产业发展的内涵及特征、形势趋势使然，否则，通过组织关系的重构只会造成管理成本的增加。技术标准化要求构建新型的组织间关系，在原先双企业竞合关系之间进行技术标准化，需要在原有组织结构基础上构建新的组织间关系，才能获得技术标准化的组织绩效，新关系关键在于企业开展技术标准化的动机、企业与平台间的关系，是否符合技术标准化的要求。本书认为，面向技术标准化的核工业组织是通过各企业间技术、资源、行为和关系的协调与合作，使核工业内实现技术创新资源的有效流动与优化配置，通过形成自主标准体系，提升产业能力，引导核工业组织形成协同，均衡有序地完成共同的创新目标。

对于中国核工业组织而言，寡头组织之间的竞争很大程度上表现在技术话语权的竞争，这也是中国核工业技术标准没能统一的根本原因，各寡头组织都希望争取更大技术话语权实现个体利益最大化，形成统一的技术标准需要体现组织的集体理性，一旦形成需要各方严格遵守，技术标准体现规制效应，所以技术标准化可以成为促进中国核工业实现组织协同的重要手段。不同组织间要形成技术融合，首先组织层面需要遵循一致认可的技术标准，统一的技术标准将促进组织协同，组织间的协同也将更有利于实现产业社会属性和经济属性，这就是我们需要研究的关键问题。

正如目前我国自主三代核电技术“华龙一号”的研发与落地，国家成立华龙国际核电技术有限公司作为技术平台对两家核电企业组织的“华龙一号”技术进行技术标准化工作，以期形成统一技术、一致对外，实现“走出去”国家战略。在核电产业，已经掀起了“创造性破坏风浪”，随着技术创新的出现，核电企业间对新技术的接受和新平台的利用，将会是相关合作竞争的焦点，合理利用目前的组织结构，通过实现技术标准化达到组织协同目标，从而提升产业技术能力、增强产业竞争力，服务国家战略，实现产业社会属性，保障国家利益最大化。

3.3 面向技术标准化的核工业组织协同影响因素分析

3.3.1 德尔菲法及使用过程介绍

德尔菲适用于缺少足够专业背景信息和历史数据的相关研究，比如核工业，人工智能新产业等；德尔菲作为定性分析，经过几轮专家迭代实验，能够最大程度上促进定性访谈的严谨性。本节使用德尔菲法，借助中国核工业领域权威专家多轮访谈，经过提取概念信息，验证中国核工业产业特征属性及组织协同内涵与特征，探寻面向技术标准化的中国核工业组织协同影响因素，并对这些因素进行归纳分析。

按照德尔菲法步骤：

1. 根据研究内容对专家来源单位进行梳理、分别邀请对核工业发展历史清楚、对行业认识深刻、对工作相关度最大的单位；

2. 确定邀请单位范围：国家能源局、国防科工局、国家核安全局、中国国际工程咨询公司、国有三大核电集团、华龙国际核电技术有限公司、行业协会学会；

3. 对相关单位专家进行邀请，发出邀请函 12 份，答应接受邀请并进行访谈 11 人，均为行业顶级专家、公司高管，技术专业职称均为研究员或教授级高级工程师。11 人中，国家能源局 1 人，国防科工局 1 人，国家核安全局 1 人，中咨公司 1 人，三大核电集团 3 人，华龙国际 2 人，核工业行业协会认定大师级专家 2 人，详见图 3-1。

4. 对邀请的行业顶级专家及高层管理人员进行访谈、归类合并要素，经过三轮反复沟通，持续时间三个月，最终获得较为一致的说法。

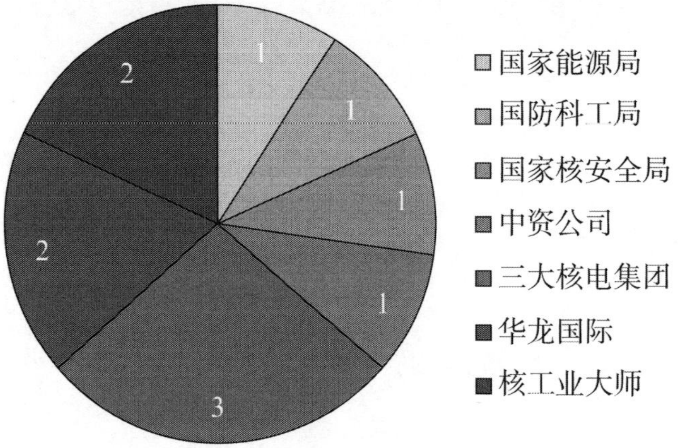

图 3-1　德尔菲法邀请专家来源分析图

Fig. 3-1　Expert source analysis chart

3.3.2　专家对核工业组织协同相关问题回答分析

根据相关问题，对专家的回答进行收集整理。

在第一阶段，十一位专家每人头脑风暴给出相关问题回答。在这个阶段，许多重复的特性被删除，相似的特性被合并。

例如，对于问题 1——我国核工业发展环境和前景的认识。专家 2 认为：“国内稳步发展，国外竞争激烈，‘走出去’面临更大难度。”专家 3 认为：“内部环境，国家能源结构需要有一定的核电以改进优化依赖化石能源的短板，但其他能源（光伏，水电，风电等）对核电的发展有抑制作用，所以核电只能按国家规划的能源占比适度发展。”专家 5 认为：“稳中求进，机会和危机共存。”专家 10 认为：“国外防止核不扩散，国内核电稳步发展。”专家 11 认为：“国外风云变幻，非常复杂，维护国家安全压力很大，国家遇到伟大复兴的大局与百年未有之大变局，国内核电稳步推进。”综合专家的共同观点，就是国外核电发展不确定性大，国内稳步发展应该是大概率事件。

对于问题 2——我国核工业发展的目标的理解。专家 1 认为：“建设国家名片，推动核电出口，推动武器装备现代化建设。”专家 6 回答：“根据国防要求、经济需要。”专家 7 认为：“建设核工业强国。”专家 9 回答：“建设先进核科技工业体系、打造具有全球竞争力的世界一流集团、推动中国建设成核工业强国的‘三位一体’奋斗目标。”专家 10 认为：“满足国家发展需要，国家安全需要，经济发展需要。”专家 11 认为：“满足国家战略发展需要，自立自强，建立完整产业链。”综合专家们的共同观点都是需要满足国家战略发展要求及经济发展要求，自立自强，建立完整产业链，通过安全发展、创新发展，打造核工业强国。

在第二阶段，每个专家从第一阶段回答整理材料中调整他们认为对问题回答有重要影响的信息。在最后阶段，专家们对调整后的问题回答进行认可答复。

例如，对于问题 8——我国核工业如何做到对外一致统一，对内有序竞争、共生的产业结构。专家 1 认为：“对外出台统一标准，起码报价一样，像是家族企业一样，让外国人觉得找哪个都一样。对内，由政府、行业发展部门牵头，谋布局，找定位，给两家集团划定范围，找到合作方向。”专家 4 认为：“由政府牵头，建立完善的核电合作协调机制，增加沟通渠道与协调机制。随着潜在核电合作项目不断增多，建议组建由核能主管部门与三大核电企业等共同组建核能发展跨部门协调机制，针对核电技术研发、国内核电站建设、核电出口中存在的问题，明确业务范围，定期协调，研究对策，有效发挥组合拳优势，防止无序竞争，形成合力。追求最大公约数，加强企业间合作，在有序竞争与错位竞争中寻求合作。”专家 5 认为：“需要企业自觉、国家引导，建立合作平台和机制，在某些重大领域加强沟通协同”专家 8 认为：“政府协调职能充分发挥，各大集团按产业链分工协作，避免恶性竞争与同质竞争。”专家 11 认为：“通过合理的领域划分，激发产业活力，通过内生动力引领，实现高质量发展。”

对于问题 11——影响我国核工业技术标准化内外部因素有哪些。专家 1 认为："利益分配、政府管控。"专家 2 认为："政策、产业划分，企业生存需求，避免融合标准化后被兼并。"专家 5 认为："国际竞争格局、国内生存压、政府高层决策。"专家 10 认为："制度机制。"专家 11 认为："主要还是政策、思维、格局、利益分配"。通过归纳整理，将政府管控、政策、政府高层决策、产业划分等因素汇总到政策因素；将生存需求、生存压力等汇总为动力因素；将利益分配、收益划分等因素汇总为分配因素，再将汇总材料通过第三轮与专家沟通，得到专家认可，并对认可的比例进行数据统计。

三轮沟通后答案整理见如表 3-1 所示。

表 3-1　三轮沟通后专家对问题答复一致性分析表

Tab 3-1　Consistency analysis table of experts' answers to questions after three rounds of communication

序号	专家答复	一致程度
问题 1	受核不扩散政策影响，国外形势比较复杂；国内核电受经济性和可替代能源快速发展的影响，总体来说是稳步推进的节奏	100%
问题 2	作为大型国有企业组成的核工业，需要满足国家战略发展要求及经济发展要求，自立自强，建立完整产业链，通过安全发展、创新发展，打造核工业强国	100%
问题 3	核工业需要服从国防建设的社会属性要求，同时需要满足产业发展的经济属性要求，通过在体系建设、技术发展、人才培养等方面共同推进与发展。同时建立完整产业链，实现产业发展与战略科技力量的保障	100%
问题 4	以国家利益为先，建立制度体系，尊重市场，在社会属性与经济属性相冲突，优先满足社会属性的原则，做好规划，实现安全有序发展，有序竞争，避免同质竞争	91%
问题 5	国家能源局、国防科工局、国家核安全局、科技部，相互协调有待进一步加强	91%

续表

序号	专家答复	一致程度
问题 6	各核电集团竞争大于合作，缺乏有效统筹。竞争在设计、技术、资源争取等各方面，合作难度较大	91%
问题 7	建议在国家利益优先原则下，一致对外，对内则互有侧重，突出各集团的特色，各集团重点研发各自特色标准产品，实现最大化技术应用和利益最大化。倡导有序竞争，避免不规范恶性竞争，通过优势互补、合作共赢，实现合作大于竞争，发挥技术优势互补，合作为行业发展做贡献，增强核电企业国际竞争力	82%
问题 8	国家引导，政府统一协调，优先满足集体理性，建立完善的核电合作协调机制，产业业务合理划分，建立合作平台和机制，组织有效合作，有限竞争，防止无序竞争，在满足集体理性条件下发展个体理性。追求最大公约数，加强企业间合作，在有序竞争与错位竞争中寻求合作	91%
问题 9	进行技术标准化非常有必要：第一，技术研发更高效。技术标准化能够统一技术标准，凝结各方技术发展经验，发挥各方技术优势，集中力量开展技术创新。第二，产业发展更高效。技术标准化对产业发展的促进是显而易见的。无论是产业链上游的燃料制造、设备制造、核电工程建设等环节，都能够统一模式，提升效率。第三，行业管理更高效。以核电项目为例，主管部门对项目的审批、业主对机组的运营管理、监管机构的审查和监管等环节，都能够减少因技术差异造成的繁琐问题	82%
问题 10	应该首先进行技术标准的统一，通过数据、技术、经验等主要方面发力，充分发挥各方优势，尽可能实现核电技术的标准化和统一化。通过标准化建设、模块化施工、统一设备型号、缩短建造周期，提高经济竞争力	73%
问题 11	政策（91%）、平台（82%）、分配（82%）、动力（73%）、思维（45%）、格局（36%）	
问题 12	以上都有，主要还是政府治理的问题。政府应合理划分业务范围，各企业有特色领域，基础领域共享，避免同质竞争，实现长期共存	100%

3.3.3 分析验证及影响因素表述

将专家访谈结果进行整理，验证了前述理论分析相关结论：

核工业是具有代表性的社会属性的产业，社会属性体现在国家利益与战略安全，经济属性体现在优化能源结构带动产业发展，产业发展不仅具有对经济发展的引领带动作用，而且作为大型国有企业组成的核工业，需要满足国家战略发展要求及经济发展要求，自立自强，建立完整产业链，通过安全发展、创新发展，打造核工业强国。

核工业面向技术标准化的组织协同的内涵是以国家利益为先，在满足社会属性要求的前提下，通过分享数据、技术、经验，形成标准化设计，适应国家发展的要求，组织间相互共享、沟通与配合，形成技术标准的统一，以形成自主标准体系，打造我国自主知识产权品牌，通过标准化、批量化建设，促进组织协同，带动产业转型升级，建设提高经济性及竞争力，并实现“走出去”国家战略。

核工业企业组织间的竞合关系是：合作是面向国家利益、一致对外，竞争是对内各自充分发挥优势，形成良性产业环境。组织协同的集体理性就是从国家战略发展要求出发，优先满足国家利益，个体理性就是企业生存发展壮大的需求，集体理性优先于个体理性是产业特征要求。

核工业企业组织间组织协同的影响因素主要包括：政策、平台、分配、动力。

政策被认为是非常重要的影响企业组织间组织协同的外部因素，包含国家对产业发展的制度支持、产业发展的支持环境、企业组织间的合作协议等要素组成。

动力被认为是非常重要影响企业组织间组织协同的内部因素，包含企业组织间知识成长的需求、产品质量提升的需求、技术能力提升的需求、经济效益获取等要素组成。

平台被认为是非常重要影响企业组织间组织协同的组织间关系因素，包含协同形成的重要因素互信的平台，协同形成的重要机制交易的平台，协同形成的重要手段沟通的平台等要素组成。

分配被认为是非常重要影响企业组织间组织协同的组织间关系因素，包含按照投入、收入、分配协议等要素组成的分配机制，统筹协调组织间关系的利益分配的组织间关系要素。

四个因素对于面向技术标准化的核工业组织形成协同至关重要，政策作为外因、动力作为内因，平台和分配作为组织间关系助力协同行为的产生，从而形成协同绩效。

3.3.4　理论模型建立

通过专家访谈，我们了解到我国核工业产业进行技术标准化非常有必要，且正当其时。根据专家访谈意见，影响企业组织间组织协同的主要因素有政策、动力、机制、分配（获得 50%以上专家认同）。协同行为和协同绩效分别作为组织协同过程阶段和结果阶段的描述。通过文献分析，我们对相关因素及阶段进行了进一步挖掘，并建立理论模型如表 3-2 所示。

表 3-2　理论模型具体表述理论分析表

Tab. 3-2　The theoretical model concretely expresses the theoretical analysis table

影响因素	具体表述	相关学者
政策	国家制度、产业政策、合作协议等	Pavlou[171]、王珊珊[172]、曾文杰[173]、胡恩华等[174]
动力	知识需求、产品需求、能力需求、利益获取等	孙新波[175]、王珊珊[176]、王雌[177]、邬爱其等[178]
平台	互信、交易、沟通等	Lason[179]、Jones[180]、于斌斌[181]、杨建华等[182]

续表

影响因素	具体表述	相关学者
分配	根据投入、收入或协定等	李廉水[183]、Milward 和 Provan[184]、郑传斌等[185]
协同行为	促进组织协同的努力、行动、选择等	陈劲，杨银娟[186]、张琰飞、朱海英[187]、孙冰和张敏[188]
协同绩效	组织协同的结果、表现、收益等	陈国权、刘薇[189]，冯海龙[190]，梁娟，陈国宏[191]

通过理论模型的进一步挖掘，丰富影响因素的具体表征，政策作为组织协同外部影响因素起着重要作用，动力作为组织协同内部驱动因素影响协同产生，平台及分配作为组织间关系因素影响协同行为的产生，协同行为影响协同绩效的结果。因此，根据专家访谈及理论分析，基于中国核工业的首要属性和实现组织协同的有效途径，参考“SCP”模型建立了基于面向技术标准化的我国核工业组织间协同“四因素两阶段”理论模型，如图 3-2 所示。

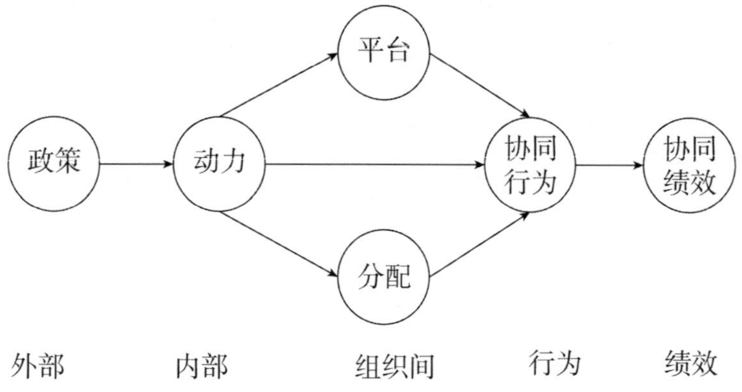

图 3-2 “四因素两阶段”理论模型分析图

Fig. 3-2 “Four factors and two stages” theoretical model analysis diagram

综上，根据分析归纳总结影响企业组织间组织协同的“四因素”分别为：政策、动力、平台、分配；“两阶段”即通过“协同行为”的阶段转化到“协同绩效”的阶段。协同行为是协同绩效的中介变量，协同绩效是我们关心的行动结果。本书计划通过“四因素两阶段”模型，探究面向技术标准化的中国核工业组织协同作用机理及作用路径，并提出组织协同的治理机制。

3.4 本章小结

本章通过对中国核工业组织及其制度环境、技术标准化与组织间关系、面向技术标准化的核工业组织间影响因素进行了分析，揭示了技术与组织的本质、技术标准化与组织间关系的相关性，揭示了面向技术标准化的核工业组织协同关系及影响因素：

中国核工业具有经济、社会目标的双重属性，社会属性体现在国家利益与战略安全，经济属性体现在优化能源结构带动产业发展，产业发展不仅具有对经济发展的引领带动作用，而且作为大型国有企业组成的核工业，需要满足国家战略发展要求及经济发展要求，其投资规模大，具有明显的规模经济效应，国家的需要，就是核工业发展的方向。

核工业组织的社会属性的内涵就是以国家利益为根本。中国核工业呈现出寡头竞争的局面，寡头组织间竞争合作缺乏集体理性不仅有碍核工业社会属性的发挥，也会影响经济属性的表现。因此，要实现社会属性需要寡头间实现组织协同，技术作为核工业组织间竞争的话语权，技术标准化被国家视为一种重要的规制手段。

技术标准化的内涵是通过形成统一的设计技术标准，建设标准化的核电站产品，实现监督管理标准化，推动建立自主标准体系，促进组织协同，合理的发挥集体理性和个体理性，通过规模化效应提升产品经济性、以提高产业竞争力，服务国家战略，实现产业社会属性，保障国家利益最大化。

面向技术标准化的组织协同影响因素是通过采用德尔菲法进行专家访谈及理论模型的进一步挖掘，得到影响因素主要包括：政策、平台、分配、动力。

政策被认为是非常重要的影响企业组织间组织协同的外部因素，包含国家对产业发展的制度支持、产业发展的支持环境、企业组织间的合作协议等要素组成。

动力被认为是非常重要影响企业组织间组织协同的内部因素，包含企业组织间知识成长的需求、产品质量提升的需求、技术能力提升的需求、经济效益获取等要素组成。

平台被认为是非常重要影响企业组织间组织协同的组织间关系因素，包含协同形成的重要因素互信的平台，协同形成的重要机制交易的平台，协同形成的重要手段沟通的平台等要素组成。

分配被认为是非常重要影响企业组织间组织协同的组织间关系因素，包含按照投入、收入、分配协议等要素组成的分配机制，统筹协调组织间关系的利益分配的组织间关系要素。

四个因素对于面向技术标准化的核工业组织形成协同至关重要，政策作为外因、动力作为内因，平台和分配作为组织间关系助力协同行为的产生，从而形成协同绩效。据此，本书基于中国核工业的首要属性和实现组织协同的有效途径，参考“SCP”模型建立了基于面向技术标准化的我国核工业组织间协同“四因素两阶段”理论模型，为后续分析影响因素间作用机理及作用路径，并提出组织协同的治理机制奠定了良好基础。

第4章 中国核工业组织协同机理分析

前文指出，目前核工业产业组织发展的主要问题是“核工业内各集团彼此间博弈呈现出以追求自身利益最大化的个体理性，不协同的集团组织间关系既阻碍了核工业社会属性的实现又影响其经济属性的落实”。在对核工业内涵及特征研究的基础上，第3章揭示了面向技术标准化的我国核工业属性特征、面向技术标准化的组织协同影响因素，并建立了“四因素两阶段”理论模型。本章将基于前述的成果，通过结构方程的方法研究影响因素对我国核工业组织协同的作用机理及作用路径，为下一步研究治理机制奠定基础。

4.1 分析方法与分析思路

结构方程模型是同时对多个因变量建模和检验特定假设的一种方法，由于面向技术标准化的我国核工业组织协同是多因素作用的结果，不同影响因素对组织协同的影响有一定的差异性，为了明确各因素对组织协同的影响程度并识别出关键影响因素，可采用结构方程模型进行分析。通过建立因素之间的假设关系，采用调查问卷的信息分析影响因素在协同各阶段的作用机理，根据传递路径系数，分析得到影响因素间的最优作用路径。

4.1.1 组织协同影响因素理论表述

根据上一章提出的面向技术标准化的我国核工业组织间协同“四因素两阶段”理论模型，本章内容将各因素进行进一步的理论表述，更加全面的阐释各因素所包含的重要内容，为进一步理解影响因素涉及范围及做好调查问卷，更加准确收集从业者对相关因素的认识信息做好准备。

（1）政策影响因素

国家制度。国家对企业组织间组织协同制定相关产业制度及管理规定进行规制。

产业政策。国家对相关产业制定促进产业发展政策措施。

合作协议。国家鼓励企业组织间进行合作协议的签署与执行。

（2）动力影响因素

基础数据信息共享。对于研究等领域基础数据获取共享或有条件共享的能力。

产品更具有竞争力。对于组织自身产品有进一步提升竞争力的能力。

组织更具有竞争力。对于组织自身竞争力有进一步提升的能力。

（3）平台影响因素

互信。组织间的相互信任平台，是协同形成的重要因素。

交易。组织间协同的交易平台，是协同形成的重要机制。

沟通。组织间的良好沟通平台，是协同形成的重要手段。

（4）分配影响因素

按投入。通过相应投入的比例对收益进行分配。

按收入。通过相应收入的比例对收益进行分配。

按协定。通过相应协定的比例对收益进行分配。

(5) 各影响因素与协同行为

企业/组织与伙伴之间为统一的技术方案努力。组织之间为形成技术融合方案而选择采取协同一致的行为。

企业/组织与伙伴之间合作的契合程度很高。组织之间合作配合比较默契，合作节奏掌握的比较好的行为。

企业/组织为真正先进技术方案割舍旧方案。组织之间通过认真比选，选定先进技术进行融合，放弃原有旧方案的行为。

企业/组织与伙伴将国家利益与公司利益兼顾。组织之间在协同过程中既照顾国家利益，又兼顾公司利益的行为。

(6) 各影响因素与协同绩效

通过协同后资源利用率持续提升。组织间协同之后，资源利用率持续提高，重复建设情况减少。

企业/组织与伙伴之间技术一致性持续增强。组织间协同后，组织间技术更加趋向一致，融合效果体现比较好。

协同后技术在建设经济性得到提高。组织间协同后，项目在建设的经济性上体现出优势。

协同后技术为企业创造更多的收益。组织间协同后，组织在收益上体现出优势。

协同后组织间有限竞争局面更为企业认同。组织间协同后，组织间避免恶性竞争，局部有限的竞争被行业及组织所接受。

协同后核工业一致对外，产品更具竞争力。组织协同后，为保障国家利益，统一对外，产品在实现技术融合后更具国际竞争力。

4.1.2　组织协同模型的构建

依据产业组织理论、协同理论，构建以下理论模型，将政策影响因素作为组织协同的外源动力、动力影响因素作为组织协同的内源驱动力，平台和分配作为组织间关系调节因素，协同行为和协同绩效分别为协同形成的两个阶段。分析他们之间要素的相互作用机理，提出了研究假设，如表 4-1、图 4-1 所示。

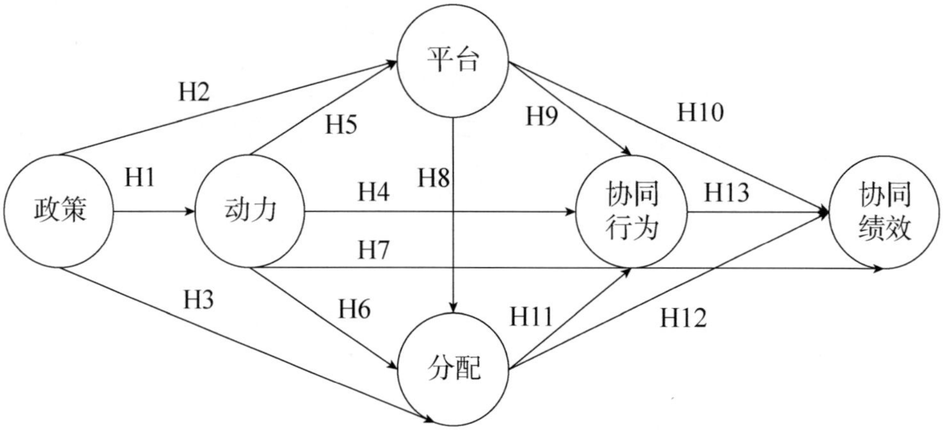

图 4-1　核工业企业组织间组织协同机理

Fig. 4-1　Organizational synergy mechanism among nuclear industry enterprises

表 4-1　组织协同影响因素作用机理假设表

Tab. 4-1　Hypothesis table of action mechanism of influencing factors of organization synergy

假设编号	理论假设内容
H1	政策正向影响动力
H2	政策正向影响平台
H3	政策正向影响分配
H4	动力正向影响协同行为
H5	动力正向影响平台
H6	动力正向影响分配
H7	动力正向影响协同绩效

续表

假设编号	理论假设内容
H8	平台正向影响分配
H9	平台正向影响协同行为
H10	平台正向影响协同绩效
H11	分配正向影响协同行为
H12	分配正向影响协同绩效
H13	协同行为正向影响协同绩效

4.2 问卷调查

4.2.1 变量设计与度量指标

本书采用调查问卷形式，变量设计与度量的依据来自前面章节对组织协同影响因素的分析结果，度量方式采用 LIKERT7 级刻度量表进行定性判断。

（1）被解释变量

本研究的被解释变量为协同绩效，测量指标包括：资源利用率、技术提升程度、经济性提高、企业收益增加、企业间认同感和产品竞争力提升等 6 项指标。

（2）解释变量

解释变量主要体现在协同动力，测量指标主要包含基础数据信息共享、基础科研资源共享、产品更具有竞争力非、组织更具有创新力、组织间深入协同 5 项指标。

（3）中介变量

中介变量为组织间的协同行为，协同行为测量指标包含：努力方向一致、合作契合度高、技术重构、利益兼顾等 4 项指标。

(4) 调节变量

调节变量包含政策、平台和分配 3 类。政策因素由国家制度、产业政策、合作协议等 5 项指标组成；平台因素包含互信、交易和沟通等 5 项指标；分配因素包含按投入、按政策、按收入、按项目利润、协定等 5 项指标组成。

4.2.2 问卷设计

本书采用调查问卷与访谈相结合的形式，问卷设计参考了现有比较成熟的问卷设计，并结合本书的分析结果，形成问卷初稿后又咨询了本领域的专家意见，最后反复论证形成。问卷发放与收集采用网络在线电子问卷，通过专业问卷调查平台问卷星进行数据收集，问卷链接发送给目标答卷人，目标答卷人主要包括核工业领域内的基层员工、中层和高层管理人员等。答卷人的选取主要基于以下两个原因：第一，领域内的人员对本问卷问项的理解把握比较准确，不会出现"盲选"的答案，可以保证数据收集的准确性；第二，发放人群包含基层员工、中层管理者和高层管理者多个维度，可以保证数据收集的代表性和全面性，避免研究结果的局限性，由此，可以保证数据收集的有效性。

本书调查问卷设计主要包括四部分（见附录 B)：第一部分，对本研究和调查意图做基本说明；第二部分答卷人的背景资料；第三部分是面向技术融合的协同影响因素，共包括 25 个外生变量从动力、政策、平台、分配四个维度来分别进行设计测量；第四部分，是可以表征面向技术融合的核工业组织间协同的测量量表。问卷设置采用 LIKERT7 级刻度量表，从 1 至 7 分别表示为：非常不同意、不同意、比较不同意、不确定、比较同意、同意和非常同意，反映前面叙述中多提到的 25 个影响因素对企业创新网络协同的影响程度。本研究发放问卷 304 份，收回 304 份，回收率 100%。

问卷设计好以后，先小范围发放了 20 份进行调研，回收后检验其信度，并根据小样本测试主体的意见对量表进行再修正，无误后进行正式发放与回收。问卷详细内容见附录 B。

4.3 数据分析

4.3.1 样本选择与数据获取

本研究选取的行业内专业人士进行填写，为保证其数据的可靠性与准确性，要求作答样本涵盖基层工作人员、中层管理者和高层管理者。

正式发放问卷时间为 2020 年，通过专业线上问卷平台问卷星进行发放，共回收有效问卷 304 份，剔除不是行业内部人士提交的样本 2 个，有效样本量为 302，有效率为 99.3%，调查样本的基本信息如下表所示。问卷分别来自国内 21 个省市以及美国、法国、巴基斯坦海外的问卷反馈。

问卷来源分布见表 4-2。

表 4-2　调查对象基本信息统计

Tab. 4-2　Statistics of basic information of respondents

信息类型	选项	个数	百分比
在核工业相关企业或组织工作年限	3 年以下	13	4.3%
	3～10 年	70	23.18%
	10～20 年	133	44.04%
	20～30 年	66	21.85%
	30 年以上	20	6.62%

续表

信息类型	选项	个数	百分比
担任的职务	基层员工	178	58.94%
	中层管理者	98	32.45%
	高层管理者	26	8.61%
企业所属集团或机构	政府及事业单位	19	6.29%
	各核电集团	225	74.5%
	各电力集团	3	0.99%
	设备厂商	13	4.3%
	其他	42	13.91%
员工数	300 以内	119	39.4%
	300～1000	44	14.57%
	1000～2000	16	5.3%
	2000 以上	123	40.73%
企业与集团单位内技术合作伙伴数量	3 家以下	30	9.93%
	3～10 家	153	50.66%
	10～30 家	62	20.53%
	30 家以上	52	17.22%
	无	5	1.66%
企业与集团单位外技术合作伙伴数量	3 家以下	48	15.89%
	3～10 家	111	36.75%
	10～30 家	62	20.53%
	30 家以上	81	26.82%
	无	0	0%
个人了解核电集团间进行技术融合的时间	3 年及以下	44	14.57%
	3～10 年	171	56.62%
	10～20 年	41	13.58%
	20 年及以上	25	8.28%
	从没听说	21	6.95%

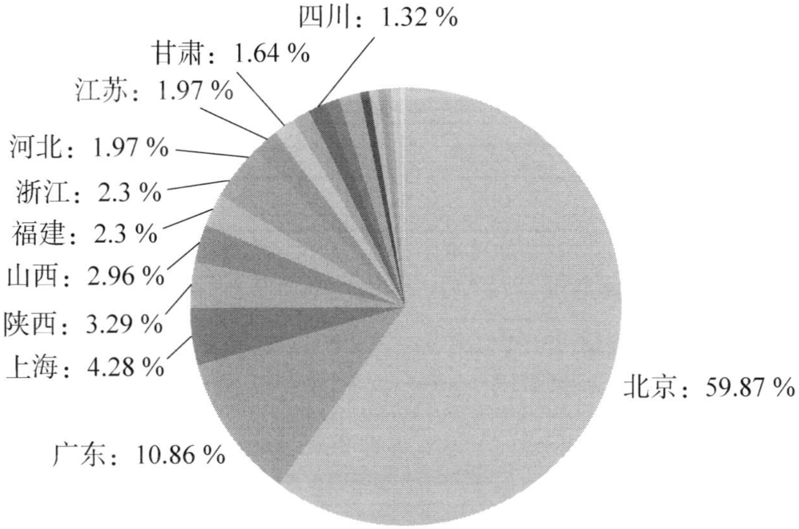

图 4-2　问卷来源分布

Fig. 4-2　Source distribution of questionnaires

如图 4-2 所示，调查样本中基层员工 178 人占比 58.94%，中层管理者 98 人占比 32.45%，高层管理者 26 人占比 8.61%。在企业任职年限在 10～20 年的占大多数有 133 人，占比 44.04%，占比较少的是 3～10 与 20～30 年的，有 70 人和 66 人，分别占比 23.18%和 21.85%，任职 30 年以上的 20 人，占比 6.62%，任职 3 年以下的只有 13 人，占比 4.3%。样本中企业都有集团内或者集团外的技术合作伙伴，合作伙伴数量在 3～10 家的占比最多，集团内合作伙伴数量 3～10 家的占比 50.66%，集团外合作伙伴数量 3～10 家的占比 36.75%。调查样本量了解核电集团间进行技术融合的占大多数，共计占比 93.05%，保障了问卷结果的专业性和准确性。

4.3.2　描述性统计与信度效度检验

问卷回收结果的分析主要有描述性统计与信度效度分析，而效度分析又包含结构效度检验和收敛效度检验，具体检验结果如下。

（1）描述性统计

描述性统计一般用来基本特征分析，主要包含均值、标准差与相关系数。

通过表 4-3 可以看出，6 个潜变量的均值介于 5.77～6.362，标准差介于 0.764～0.863，相差不大。6 个潜变量之间都呈现 $p<0.01$ 的显著正相关关系，相关系数初步验证了因素之间的正相关性，为后续做因素之间的机理分析奠定了基础。

表 4-3　潜变量均值、标准差与相关系数

Tab. 4-3　Mean, standard deviation and correlation coefficient of latent variables

变量	均值	标准差	1	2	3	4	5	6
政策	6.327	0.813	1					
动力	6.362	0.834	0.841[1)]	1				
平台	6.318	0.846	0.635[1)]	0.810[1)]	1			
分配	6.09	0.796	0.606[1)]	0.696[1)]	0.770[1)]	1		
行为	5.77	0.764	0.464[1)]	0.498[1)]	0.483[1)]	0.483[1)]	1	
绩效	5.96	0.863	0.565[1)]	0.609[1)]	0.628[1)]	0.628[1)]	0.846[1)]	1

注：1）表示 $p<0.01$。

（2）信度检验

通过 SPSS Statistics 20.0 对动力、政策、机制、分配以及表征协同行为和协同绩效的 30 个变量通过 Cronbach's Alpha 系数进行信度进行分析，本次调查问卷的 Cronbach's Alpha 系数为 0.964，可信度较高（一般认为 Cronbach's Alpha 系数大于 0.9 为高可信度）。各维度影响因素的信度分析结果如表 4-4 所示。

（3）结构效度检验

通过 SPSS Statistics 20.0 进行 KMO 和 Bartlett 球形检验及因子分析的方法。

表 4-4 已经展示了 KMO 和 Bartlett 球形检验结果，根据结果可以判断本问卷 KMO 值为 0.943，6 项变量的 KMO 值也都在 0.8 以上，并且 Bartlett 球形检验＝8718.548（Df＝435），$p<0.05$，各项检验结果均符合进行探索性因子分析的要求。

表 4-4　样本信度分析结果

Tab. 4-4　Sample reliability analysis results

<table>
<tr><th>变量</th><th>题项数目</th><th>Cronbach's Alpha 系数</th><th colspan="2">KMO</th><th colspan="2">Bartlett</th></tr>
<tr><td>政策</td><td>5</td><td>0.848</td><td>0.819</td><td rowspan="6">0.943</td><td>0.000</td><td rowspan="6">8718.548
435
000</td></tr>
<tr><td>动力</td><td>5</td><td>0.848</td><td>0.760</td><td>0.000</td></tr>
<tr><td>平台</td><td>5</td><td>0.934</td><td>0.832</td><td>0.000</td></tr>
<tr><td>分配</td><td>5</td><td>0.911</td><td>0.851</td><td>0.000</td></tr>
<tr><td>行为</td><td>4</td><td>0.891</td><td>0.817</td><td>0.000</td></tr>
<tr><td>绩效</td><td>6</td><td>0.954</td><td>0.923</td><td>0.000</td></tr>
</table>

通过设定 6 个公因子来进行因子分析，结果显示 6 个公因子累计贡献率为 76.973%。

表 4-5　公因子累计贡献率

Tab. 4-5　Sample reliability analysis results

成份	初始特征值			提取平方和载入		
	合计	方差的/%	累积/%	合计	方差的/%	累积/%
1	14.858	49.528	49.528	14.858	49.528	49.528
2	3.251	10.836	60.363	3.251	10.836	60.363
3	1.919	6.395	66.759	1.919	6.395	66.759
4	1.211	4.035	70.794	1.211	4.035	70.794
5	0.964	3.214	74.008	0.964	3.214	74.008
6	0.879	2.930	76.937	0.879	2.930	76.937

通过主成分提取方法，通过具有 Kaiser 标准化的正交旋转法，得到旋转后的因子负荷值（表 4-6），各题项的因子负荷均大于 0.5，说明本问卷结构效度很好。

表 4-6　因子负荷值

Tab. 4-6　Factor load value

潜在指标	表现指标	因子载荷					
政策	Q11					0.733	
	Q12					0.714	
	Q13					0.897	
	Q14					0.829	
	Q15					0.535	
动力	Q16				0.774		
	Q17				0.702		
	Q18				0.769		
	Q19				0.706		
	Q20				0.694		
平台	Q21			0.720			
	Q22			0.733			
	Q23			0.935			
	Q24			0.950			
	Q25			0.930			
分配	Q26		0.838				
	Q27		0.861				
	Q28		0.839				
	Q29		0.828				
	Q30		0.752				

续表

潜在指标	表现指标	因子载荷					
行为	Q31						0.728
	Q32						0.902
	Q33						0.902
	Q34						0.780
绩效	Q35	0.919					
	Q36	0.904					
	Q37	0.941					
	Q38	0.917					
	Q39	0.879					
	Q40	0.724					

（4）收敛度检验

①政策因素收敛效度检验

使用 AMOS20.0 做各项变量的收敛效度检验，图 4-3 为未进行修正的检验结果，未修正的卡方值与自由度的比值为 71.478，远大于 3，RMSEA 大于 0.08，所以结果显示没有收敛。

再次分析变量间关系，根据修正建议将有相关关系的残差相连，进行修正后再次进行检验，图 4-4 为修正后的卡方值与自由度的比值为，小于 3，RMSEA 小于 0.08，GFI＞0.9，其他指标也都符合要求，所以修正后的收敛效果很好。

②动力因素收敛效度检验

跟政策因素收敛都检验进行同样的步骤，得到未修正的检验结果见图 4-5，卡方值与自由度比值为 6.191，远大于 3，RMSEA 大于 0.8，检验结果不收敛。

继续对模型进行修正，如图 4-6 修正后的卡方值与自由度比为 1.182，小于 3，RMSEA 小于 0.08，GFI＞0.9，检验结果表明收敛效度很好。

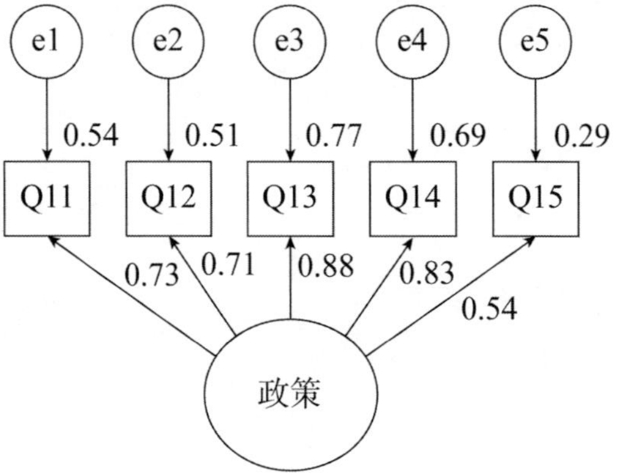

图 4-3　政策未修正的检验结果

Fig. 4-3　The unrevised test results of the policy

注：卡方值＝126.674（P＝0.000）；自由度＝14；卡方值/自由度＝9.053；RMSEA＝0.150；GFI＝0.903

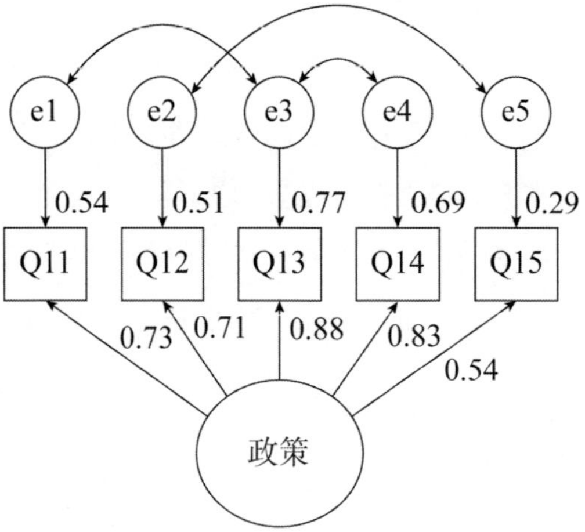

图 4-4　政策已修正的检验结果

Fig. 4-4　The policy has been corrected by the test results

注：卡方值＝11.203（P＝0.076）；自由度＝6；卡方值/自由度＝1.882；RMSEA＝0.050；GFI＝0.991

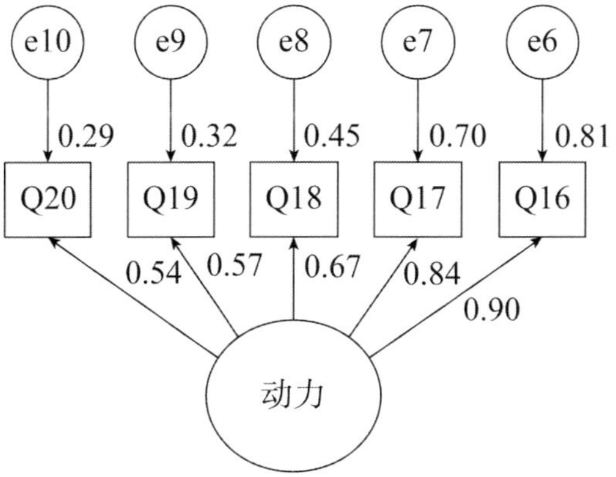

图 4-5　动力未修正的检验结果

Fig. 4-5　The unrevised test results of the power

注：卡方值=85.372（P=0.226）；自由度=14；卡方值/自由度=6.089；RMSEA=0.117；GFI=0.923

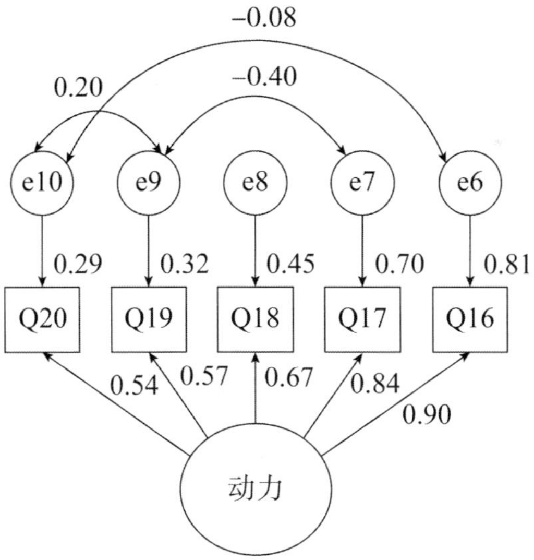

图 4-6　动力已修正的检验结果

Fig. 4-6　The power has been corrected by the test results

注：卡方值=14.807（P=0.226）；自由度=11；卡方值/自由度=1.182；RMSEA=0.026；GFI=0.986

③所有指标收敛效度检验

采用同样的做法，对平台、分配、协同行为、协同绩效分别进行收敛效度检验，通过修正后，均可实现收敛，具体指标要求与检验结果如表 4-7 所示。收敛效度检验通过说明了这 6 类观测指标可以用来反映相同变量，指标的设定可行。

表 4-7 收敛效度检验具体指标要求及检验结果

Tab. 4-7 Specific index requirements and test results of convergence validity test

指标	c^2/df	GFI	AGFI	CFI	TLI	RMR	RMSEA
指标要求	＜2	＞0.9	＞0.9	＞0.9	＞0.9	＜0.05	＜0.1
模型	c^2/df	GFI	AGFI	CFI	TLI	RMR	RMSEA
政策	1.882	0.991	0.962	0.991	0.991	0.008	0.050
动力	1.182	0.986	0.954	0.986	0.994	0.013	0.026
平台	2.450	0.956	0.938	0.993	0996	0.009	0.081
分配	2.473	0.982	0.991	0.982	0.933	0.012	0.072
协同行为	1.895	0.948	0.974	0.986	0.958	0.015	0.063
协同绩效	1.978	0.935	0.968	0.975	0.983	0.008	0.043

4.3.3 结构方程模型变量设定

本书采用结构方程模型来研究组织协同影响因素对协同绩效的影响机理。在变量的设置上，用 5 个内生显变量（Q16-Q20）来测度 1 个内生潜变量（动力），15 个外生显变量（Q11-Q15、Q21-Q25、Q26-Q30）来测度 3 个外生潜变量（政策、平台和分配），10 个内生显变量（Q31-Q34、Q35-Q40）来测度 2 个内生潜变量（协同行为、协同绩效）。变量设定见表 4-8 第 2 列表现指标。

表 4-8　结构方程变量设定

Tab. 4-8　Structural equation variable setting

潜变量	显变量
政策	国家宏观政策对行业发展非常重要
	核工业分工策略对行业发展发展非常重要
	国家战略利益要求产业进行协同非常重要
	国家产业政策促进合作非常重要
	组织间签署具体合作协议非常重要
动力	基础数据信息共享非常必要
	基础科研资源共享非常必要
	产品更具有竞争力非常重要
	组织更具有创新力非常重要
	深度创新工作需要组织间协同才能完成
平台	相互信任是协同工作中的重要关系
	信任是可以提高协同工作效率
	协同平台交易是组织协同的重要环节
	协同交易平台是组织技术交流的重要载体
	协同平台是组织沟通重要手段
分配	按各组织技术投入进行分配非常必要
	按各组织知识产权价值量进行分配非常必要
	按协同项目总收入进行合理分配非常重要
	按协同项目总利润进行合理分配非常重要
	按协同项目组织间协定分配非常重要
协同行为	企业/组织与伙伴之间为统一的技术方案努力
	企业/组织与伙伴之间合作的契合程度很高
	企业/组织为真正先进技术方案割舍旧方案
	企业/组织与伙伴将国家利益与公司利益兼顾

续表

潜变量	显变量
协同绩效	通过协同后资源利用率持续提升
	企业/组织与伙伴之间技术一致性持续增强
	协同后技术在建设经济性得到提高
	协同后技术为企业创造更多的收益
	协同后组织间有限竞争局面更为企业认同
	协同后核工业一致对外，产品更具竞争力

4.3.4 模型拟合检验

结构方程模型是对潜变量间的一种完整的关系路径分析，可研究潜变量之间复杂的相互关系。本节对 6 项潜变量进行路径分析，明确内外源驱动因子对组织间协同行为和协同绩效的作用路径。通过比较分析不同变量对协同行为与协同绩效的路径系数以及显著程度等，探讨各类要素在不同外部因素作用下的影响机理。

(1) 内源驱动因子对协同行为与协同绩效的作用路径分析

本节讨论动力因素对协同行为与协同绩效的影响。根据之前的模型设定，使用 AMOS 20.0 画出模型的路径系数图，并将样本数据输入进行模型运算。AMOS 20.0 提供了多种模型运算方法，经过比较，发现最大似然估计法效果最佳，因而采用最大似然估计法进行运算。为了可以直接比较不同变量间的路径系数从而得知其相对变化水平，将输出结果默认的路径系数（或因子载荷系数）进行标准化。

①最优模型拟合：动力对协同行为与协同绩效的影响

因各个变量之间可以设定多条不同路径而形成多个路径模型，需要将这些模型做对比才可得到最佳模型。本书首先设定全路径模型作为基准模型 M1，即图 4-7 提出的理论模型。模型 M1 经运行后该模型的拟合优度均基本符合要求，路径系数均比较显著。因此认为，模型 M1 为最佳模型。

另外，经观察 M1 的修正指数发现，Q16 与 Q17、Q31 与 Q36、行为与绩效等一些变量的残差之间存在相关关系。因此在模型中增加它们之间的相关路径，使各模型拟合更好。拟合之后的路径图及路径系数如图 4-8 所示。表 4-9 显示了模型 M1 对总体 302 个样本数据的拟合优度指标数据，表 4-10 显示了权威学者对各个拟合优度指标的判别标准，表 4-11 显示了模型 M1 的路径系数与显著性水平。

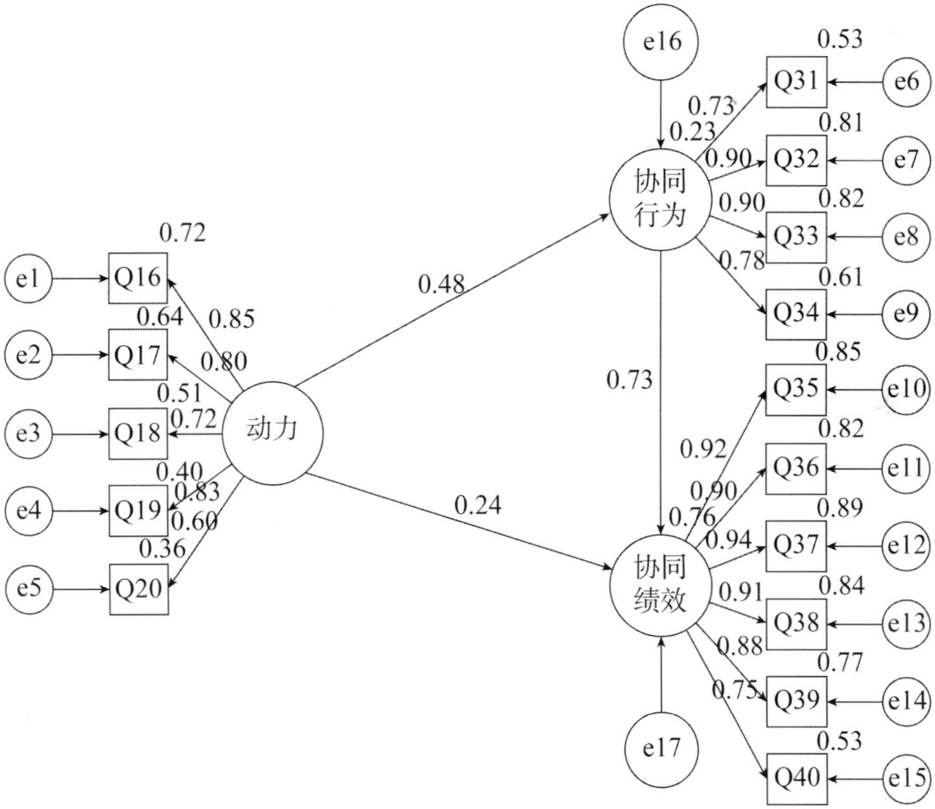

图 4-7　动力对协同行为与协同绩效的影响基准模型 M1

Fig. 4-7　The influence of motivation on collaborative behavior and collaborative performance of benchmark model M1

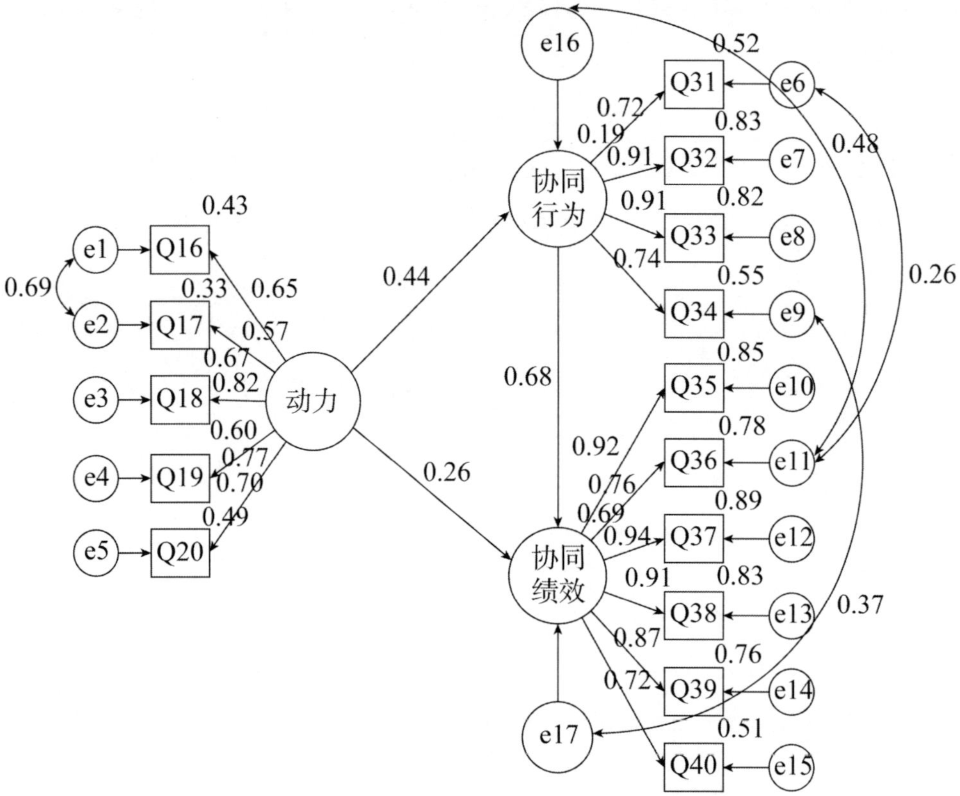

图 4-8　动力对协同行为与协同绩效的影响基准模型 M1 的拟合模型

Fig. 4-8　Influence of motivation on collaborative behavior and collaborative performance: a fit model of benchmark model M1

表 4-9　模型 M1 拟合优度指标数据

Tab. 4-9　Goodness-of-fit index data of model M1

模型	X^2/df	GFI	AGFI	CFI	TLI	RMR	RMSEA
M_1	2.604	0.901	0.871	0.963	0.955	0.027	0.065

表 4-10　拟合优度指标判别标准

Tab. 4-10　Criteria for discrimination of goodness of fit indicators

拟合指标	判别标准
x^2df	≥1，≤3（Carmines et al.，1981）
拟合优度指数（GFI）	≥0.9（Scott，1994）
调整拟合优度指数（AGFI）	≥0.8（Scott，1994）
比较拟合优度指数（CFI）	≥0.9（Bagozzi & Yi，1988）
Tucker-Lewis 指数（TLI）	≥0.9（Tucker-Lewis，1973）
均方根残差（RMR）	≤0.05（Hu & Bentler，1999）
近似误差均方根估计（RMSEA）	≤0.08（Bagozzi & Yi，1988）

表 4-11　模型 M1 的路径系数与显著性水平

Tab. 4-11　Path coefficient and significance level of model M1

潜变量关系	路径系数	临界比 *C.R.*	显著性水平 *p*	检验结果
协同行为<---动力	0.44[1)]	14.717	0.000	通过
协同绩效<---动力	0.26[1)]	7.768	0.000	通过
协同绩效<---协同行为	0.68[1)]	11.965	0.000	通过

注：1）为 $p<0.01$

对照表 4-10 中的拟合优度指标判别标准可知，表 4-9 中模型 M1 的各项拟合优度指标数据均符合标准，因此该模型拟合优度检验通过。

②路径系数分析

图 4-8 可直观地看出 3 个潜变量之间的路径关系，结合表 4-11 可验证研究假设的正确与否。研究假设 H4 动力正向影响组织间协同行为、H7 动力正向影响组织间协同绩效。根据表 4-11 所示，动力到协同行为的路径系数为 0.44，其 CR 值为 14.717，相应的 p 值小于 0.01，通过了 99%置信度下的显著性检验，证明 H4 假设正确；动力到协同绩效的路径系数为 0.26，其 CR 值为 7.768，相应的 p 值小于

0.01，通过了99%置信度下的显著性检验，证明H7假设正确。协同行为到协同绩效的路径系数为0.68，其CR值为11.965，相应的p值小于0.01，通过了99%置信度下的显著性检验，证明H13假设正确。文中理论假设H4、H7、H13验证成立。

③各潜变量之间的效应分析

表4-12列出了动力与协同行为和协同绩效之间的效应值，动力到协同行为与协同绩效共2条路经，都属于直接路径，相应路径系数均通过$p<0.05$的显著性检验。

表4-12 各潜变量之间的效应

Tab. 4-12 Effects among latent variables

		协同绩效	协同行为
动力	直接效应间接效应 总效应	0.26*** 0.30 0.56	0.44*** 0.00 0.44
协同行为	直接效应 间接效应 总效应	0.68*** 0.00 0.68	

变量之间的直接效应值通过图4-7的路径系数即可看出，但由于存在中介变量，总效应和间接效应的计算方法需要经过计算得出。其中动力到协同行为到协同绩效所包含的各个路径系数的乘积即本条路径上动力到协同行为的间接效应，级$0.44 \times 0.68 = 0.30$，说明当其他条件不变时，动力每提升一个单位，协同绩效将间接提升0.30个单位；动力到协同绩效的总效应为直接效应与间接效应之和，即$0.26 + 0.30 = 0.56$。其他变量的间接效应和总效应的计算方法相同，下面不再赘述。

从分析结果我们可以看到，动力对协同行为的直接效应为0.44，大于对协同绩效的直接效应0.26；但是动力对协同绩效的总效应为

0.56，大于动力对协同行为的总效应 0.44；协同行为对协同绩效直接效应为 0.68，说明协同行为能较好地传递形成协同绩效的路径，动力通过协同行为传递形成协同绩效的路径是效率最高的路径，即动力-协同行为-协同绩效作用路径效率最高。

（2）组织间关系对对协同行为与协同绩效的作用路径分析

本节讨论组织间关系平台和分配对协同行为与协同绩效的影响，仍旧使用 Amos20.0 画出模型的路径系数图，并将样本数据输入进行模型运算。采用运算方法仍旧为最大似然估计法，并将输出结果默认的路径系数（或因子载荷系数）进行标准化。

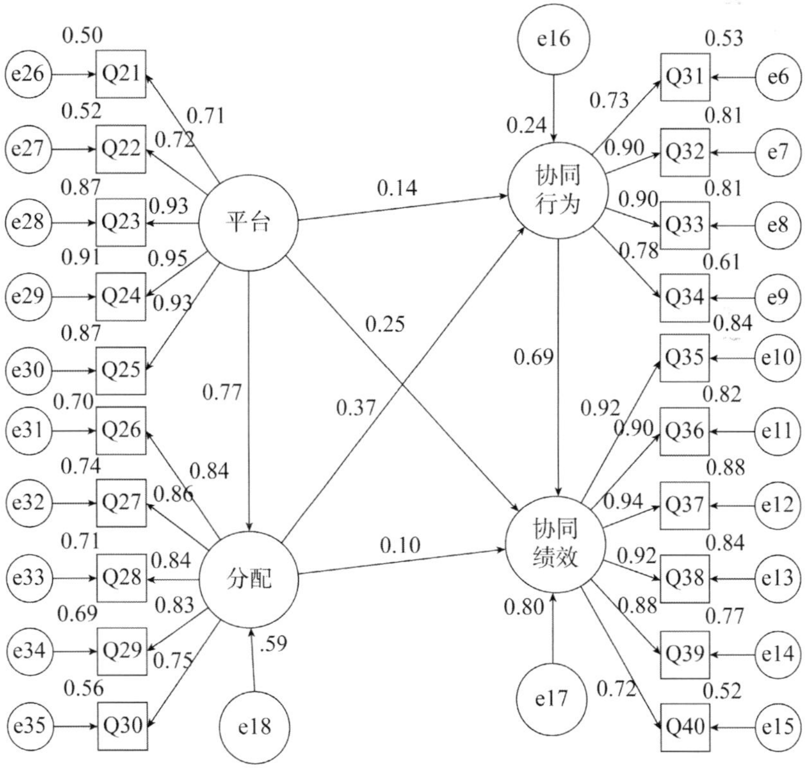

图 4-9　组织间关系对协同行为与绩效的影响基准模型 M2

Fig. 4-9　Impact of inter-organizational relationships on collaborative behavior and performance Benchmark model M2

①最优模型拟合：组织间关系对协同行为与绩效的影响

另外，根据 AMOS20.0 的修正建议，发现 Q21 与 Q22，Q26 与 Q27，Q28 与 Q29 等变量的残差之间存在相关关系。因此，在模型中增加它们之间的相关路径，使得各模型拟合指标更优。拟合之后的路径图及路径系数见图 4-10 所示，平台到协同行为的路径系数很低，说明平台对协同行为的影响基本可以忽略，因此平台到协同行为的假设没有得到很好的验证。表 4-13 显示了模型 M3 的拟合优度指标数据，表 4-14 显示了模型 M3 的路径系数与显著水平。

表 4-13　模型 M2 拟合优度指标数据

Tab. 4-13　Model M2 goodness of fit index data

模型	X^2/df	GFI	AGFI	CFI	TLI	RMR	RMSEA
M2	2.510	0.904	0.868	0.968	0.961	0.022	0.065

表 4-14　模型 M4 的路径系数与显著性水平

Tab. 4-14　Path coefficient and significance level of model M4

潜变量关系	路径系数	临界比 $C.R.$	显著性水平 p	检验结果
潜变量关系	路径系数	临界比 $C.R.$	显著性水平 p	检验结果
分配<---平台	$0.80^{3)}$	7.651	0.000	通过
协同行为<---平台	路径限制	路径限制	路径限制	不通过
协同绩效<---平台	0.22***	3.876	0.003	通过
协同行为<---分配	0.45***	2.941	0.000	通过
协同绩效<---分配	0.12***	9.425	0.000	通过
协同绩效<---协同行为	0.68***	10.235	0.000	通过

注：1）为 $p<0.01$，**为 $p<0.05$，*为 $p<0.1$。

②路径系数分析

图 4-10 可以直观地看到 4 个潜变量之间的路径关系，结合表 4-14 可以验证研究假设的正确与否。文中假设：H8 平台正向影响分配，

H9 平台正向影响协同行为，H10 平台正向影响协同绩效，H11 分配正向影响组织间协同行为，H12 分配正向影响组织间协同绩效，H13 协同行为正向影响协同绩效。

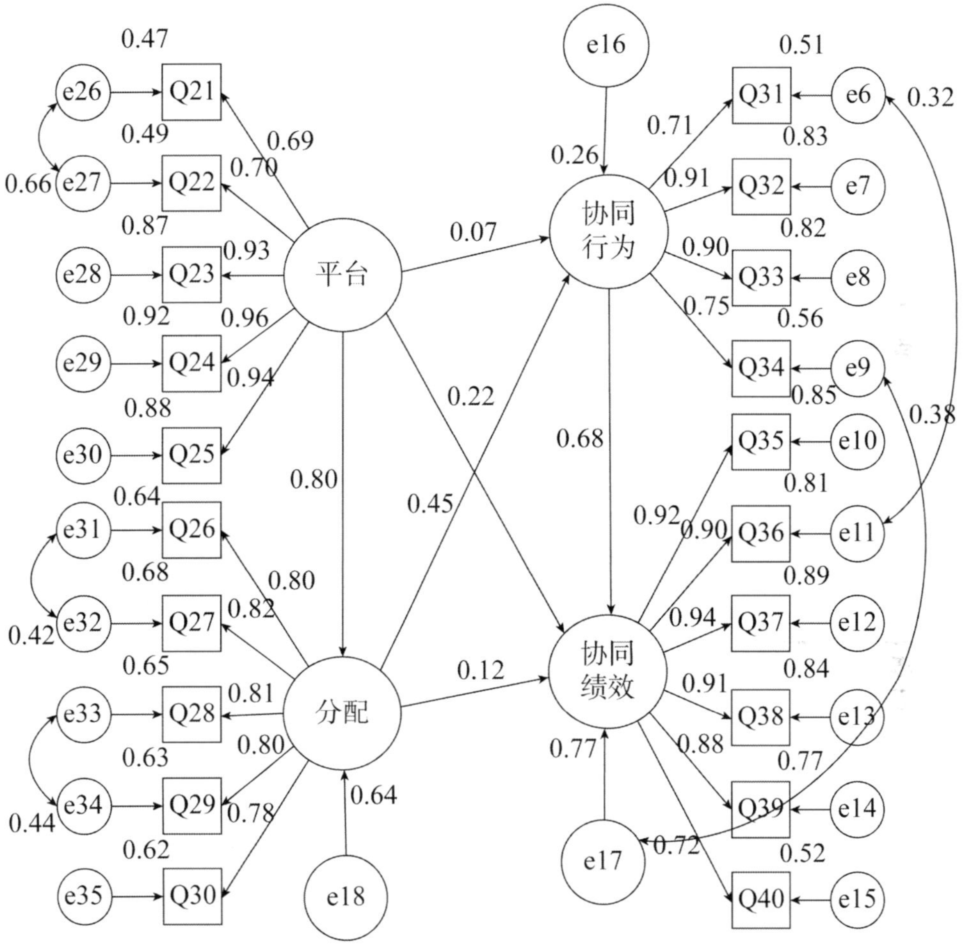

图 4-10　组织间关系对协同行为与绩效的影响 M2 的拟合模型

Fig. 4-10　Influence of inter-organizational relationship on collaborative behavior and performance M2 fitting model

如表 4-14 所示，平台到分配的路径系数为 0.80，其 CR 值为 7.651，相应的 p 值小于 0.01，通过了 90%置信度下的显著性检验，证明 H8 假设正确；平台到协同行为因为路径限制，因此，H9 没有通过假设检验；平台到协同绩效的路径系数为 0.22，其 CR 值为 3.876，相应的 p 值小于 0.01，通过了 90%置信度下的显著性检验，证明 H10 假设正确；分配到协同行为的路径系数为 0.45，其 CR 值为 2.941 相应的 p 值小于 0.01，通过了 90%置信度下的显著性检验，证明 H11 假设正确；分配到协同绩效的路径系数为 0.12，其 CR 值为 9.425，相应的 p 值小于 0.01，通过了 90%置信度下的显著性检验，证明 H12 假设正确；协同行为到协同绩效的路径系数为 0.68，其 CR 值为 10.235，相应的 p 值小于 0.01，通过了 90%置信度下的显著性检验，同样证明了 H13 假设正确。因此，H8、H10～H13 都通过检验，H9 没通过检验。

③各潜变量之间的效应分析

表 4-15 列出了平台、分配和协同行为与协同绩效的效应值。由表 4-15 可看出，除了协同行为到协同绩效是直接路径，平台与分配到协同绩效均存在间接效应，计算方法前文有介绍，此处不再赘述，相应的路径系数通过 $p<0.05$ 的显著性检验。

表 4-15　各潜变量之间的效应分析

Tab. 4-15　Effect analysis of each latent variable

		协同绩效	协同行为	分配
平台	直接效应	0.22***	0.07	0.80***
	间接效应	0.38	0.36	—
	总效应	0.60	0.43	0.80
分配	直接效应	0.12***	0.22***	
	间接效应	0.30	—	
	总效应	0.42	0.22	
协同行为	直接效应	0.68***		
	间接效应	—		
	总效应	0.68		

注：***为 $p<0.01$，**为 $p<0.05$，*为 $p<0.1$。

各变量之间的直接效应可以通过图 4-10 的路径系数可以看出，对比变量的效应值，平台对分配的影响最大，效应值为 0.8；协同行为对协同绩效的影响次之，效应值为 0.68；平台对协同行为影响不明显，表明平台的形成对协同行为的产生没有明显的作用，需要其他因素共同作用才能产生协同行为和协同绩效；分配对协同行为的影响最大，效应值为 0.22，说明分配的方案对组织间协同行为的产生至关重要；分配对协同绩效的影响次之，直接效应值为 0.12，总效应为 0.42；协同行为对协同绩效的直接影响为 0.68。

因此，我们通过数据分析可以得出，平台的作用非常关键，他对分配、协同绩效、协同行为的总效应分别为 0.8、0.6、0.43，虽然平台对协同行为的直接效应不显著，但总体作用非常重要，应该充分发挥平台的作用。分配对协同行为的直接效应 0.22 大于对协同绩效的直接效应 0.12，说明分配的机制对协同行为的产生比协同绩效更加敏感；与此同时，分配对协同绩效的总效应 0.42 大于分配对协同行为的总效应 0.22，说明分配机制对协同绩效的形成作用显著。协同行为对协同绩效作用效应系数 0.68，说明行为对绩效作用效果非常显著，因此，平台-分配-协同行为-协同绩效的作用路径是最高效的作用路径。

我们应充分发挥平台作用、协同分配等因素引导协同行为的产生，进而形成协同绩效；形成并优化分配机制，在制定分配规则、监督分配执行等方面发挥更大作用，促进协同行为的产生，进而形成协同绩效成果。

(3) 外源驱动因子对协同行为与协同绩效的作用路径分析

本节讨论外部政策对协同行为与协同绩效的影响，政策对协同行为和协同绩效的影响是以动力、平台和分配为中介变量来进行作用的，因此相当于对所有假设情况进行一个整体分析。使用 Amos20.0

画出模型的路径系数图，并将样本数据输入进行模型运算。采用运算方法仍旧为最大似然估计法，并将输出结果默认的路径系数（或因子载荷系数）进行标准化。

①最优模型拟合：外部政策环境因素对协同行为与绩效的影响

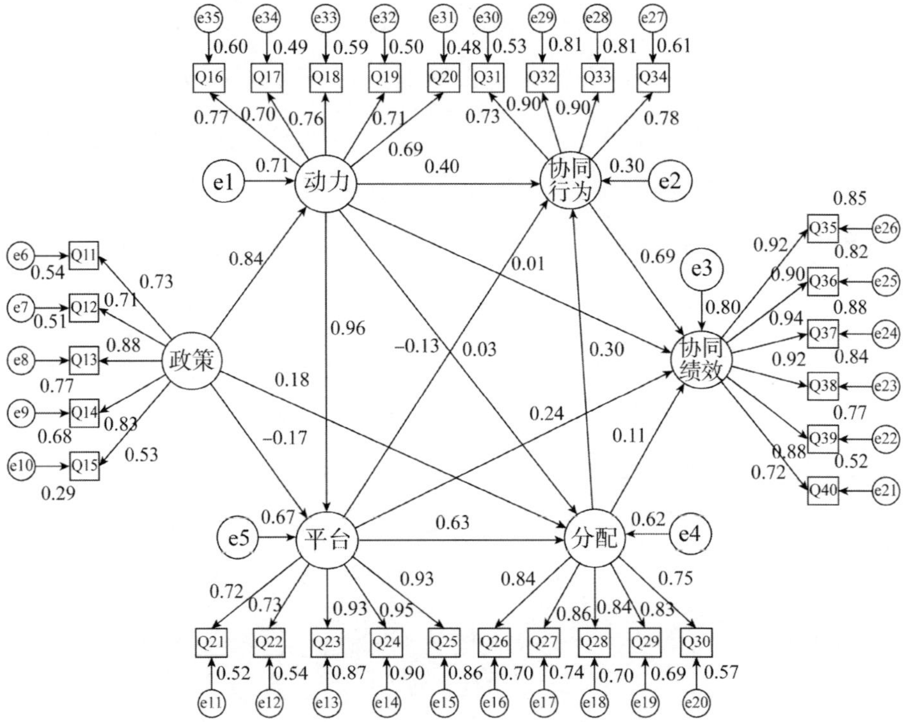

图 4-11　外部政策环境因素对协同行为与绩效的影响基准模型 M3

Fig. 4-11 Benchmark model M3 of the impact of external policy environmental factors on collaborative behavior and performance

模型 M3 经运行后该模型的拟合优度均基本符合要求，路径系数均比较显著。此外，作者还检验了其他一些模型，均未能达到拟合优度检验或者路径显著性检验的要求，因此经过综合评价各个模型，认为模型 M3 为源驱动因子对协同行为与协同绩效的最佳模型。

另外，根据 AMOS20.0 的修正建议，发现 Q16 与 Q17，Q21 与 Q22，Q28 与 Q29 等变量的残差之间存在相关关系。因此，在模型中增加它们之间的相关路径，使得各模型拟合指标更优。拟合之后的路径图及路径系数见图 4-12 所示，表 4-16 显示了模型 M3 的拟合优度指标数据，表 4-17 显示了模型 M3 的路径系数与显著水平。

表 4-16　模型 M3 拟合优度指标数据

Tab. 4-16　goodness of fit index data of model M3

模型	X^2/df	GFI	AGFI	CFI	TLI	RMR	RMSEA
M3	2.510	0.904	0.868	0.968	0.961	0.022	0.065

表 4-17　模型 M3 的路径系数与显著性水平

Tab. 4-17　Path coefficient and significance level of model M3

潜变量关系	路径系数	临界比 $C.R.$	显著性水平 p	检验结果
动力<---政策	0.87***	15. 651	0.000	通过
平台<---政策	−0.49***	3.876	0.003	不通过
分配<---政策	−0.33***	8.940	0.000	不通过
协同行为<---动力	0.48***	10.234	0.000	通过
平台<---动力	0.98***	6.983	0.000	通过
分配<---动力	0.88***	11.578	0.001	通过
协同绩效<---动力	路径限制	路径限制	路径限制	不通过
分配<---平台	0.24***	9.023	0.000	通过
协同行为<---平台	−0.11***	4.392	0.003	不通过
协同绩效<---平台	0.22***	12.647	0.000	通过
协同行为<---分配	0.19***	10.342	0.000	通过
协同绩效<---分配	0.11***	7.668	0.001	通过
协同绩效<---协同行为	0.68***	9.425	0.000	通过

注：＊＊＊为 $p<0.01$，＊＊为 $p<0.05$，＊为 $p<0.1$。

②路径系数分析

图 4-12 可以直观地看到 3 个潜变量之间的路径关系，结合表 4-18 可以验证研究假设的正确与否。如表 4-17 所示，政策到动力的路径系

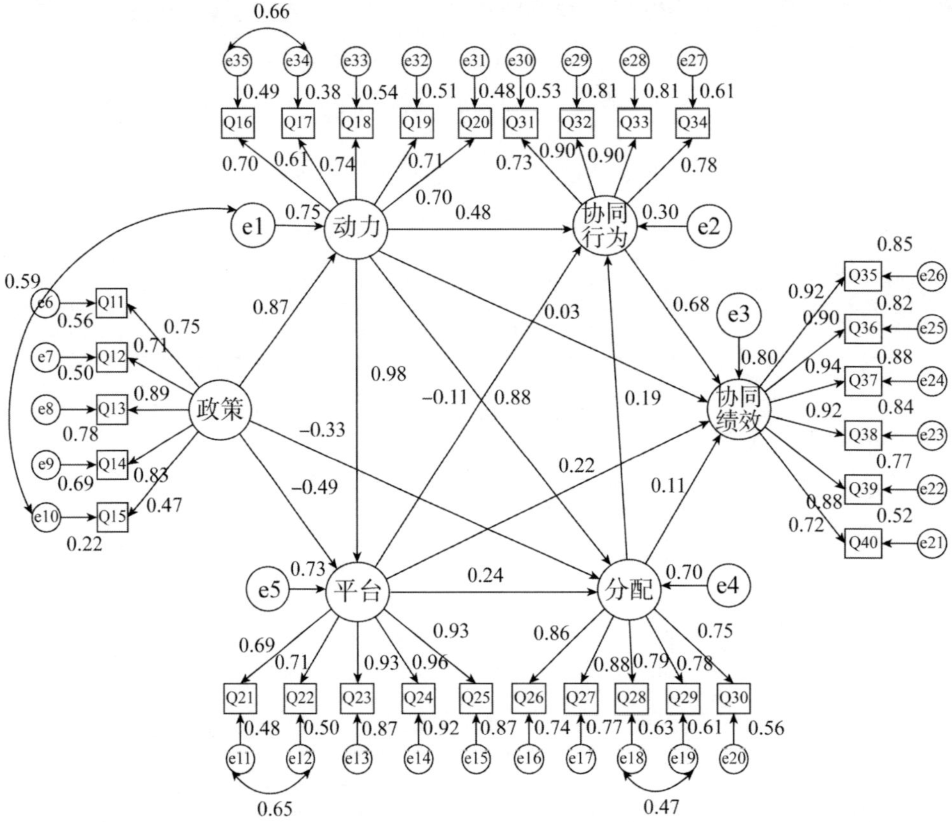

图 4-12　外部政策环境因素对协同行为与绩效的影响拟合模型 M3

Fig. 4-12　Fit model M3 for the influence of external policy environment factors on synergistic behavior and performance

数为 0.87，其 CR 值为 15.651，相应的 p 值小于 0.01，通过了 90% 置信度下的显著性检验，证明 H1 假设正确；同理，可以得到假设 H4、H5、H6、H8、H10、H11、H12、H13 均成立，而动力到协同绩效的路径系数只有 0.02，说明动力因素的变化对协同绩效几乎没有影响，因此假设 H7 检验结果不通过；H2、H3、H9 做的是正相关假设，但是模型得出路径系数分别为：－0.49、－0.33、－0.11，说明政策到平台、政策到分配、平台到协同行为之间都是负相关关系，因此，假设 H2、H3、H9 检验结果也不通过。

③各潜变量之间的效应分析

表 4-18 列出了政策、动力、平台、分配和协同行为与协同绩效的效应值。由表 4-18 可以看出，政策是通过动力、平台和分配来进行间接影响协同行为和协同绩效，间接总效应为 0.46、0.33。

表 4-18　因素到协同行为与协同绩效的效应分析

Tab. 4-18　Effect analysis of factors to collaborative behavior and collaborative performance

		协同行为	协同绩效
政策	直接效应	—	—
	间接效应	0.46	0.33
	总效应	0.46	0.33
动力	直接效应	0.48***	0.03***
	间接效应	0.11	0.74
	总效应	0.59	0.77
平台	直接效应	−0.11***	0.22***
	间接效应	0.05	−0.01
	总效应	−0.06	0.21
分配	直接效应	0.19***	0.11***
	间接效应	—	0.13
	总效应	0.19	0.24

注：*** 为 $p<0.01$，** 为 $p<0.05$，* 为 $p<0.1$。

从各变量之间的直接效应可以通过图 4-11 的路径系数可以看出，对比政策、动力、平台和分配对协同绩效和协同行为的影响效应值发现，从直接效应来看，动力对协同行为的直接影响最大，效应值为 0.48，政策、分配、平台对协同行为的影响效应分别排二至四位，平台对协同绩效的影响最大，效应值为 0.22，分配、动力对协同绩效的直接影响分列二、三位，效应值为 0.11、0.03。

从间接效应来看，政策对协同行为的间接效应最大，效应值为

0.46，动力、平台、分配对协同行为的影响效应分别排二至四位；动力对协同绩效的间接影响最大，效应值为0.74，政策、分配、平台对协同绩效的间接影响效应分别排二至四位。

从总效应来看，动力对协同行为和绩效的影响最大，效应值为0.59、0.77，政策对协同行为和绩效的影响次之，效应值为0.46、0.33，分配对协同行为和绩效的影响第三，效应值为0.19、0.24，平台对协同行为和绩效的影响最小。

由此可知，动力因素对促进协同行为起到了很大的作用，但是动力因素对协同绩效没有直接的影响，而是通过其他因素来间接影响协同绩效的，并且间接影响的效应值很高，所以，我们应该重视动力因素在组织协同中的重要作用，激发参与者的协同动力。政策对协同行为和协同绩效的间接影响比较大，说明政策是通过动力等因素间接地影响协同行为与绩效，通过路径传递作用效果，政策的作用效果仅次于动力因素，所以政策作为产生协同行为必不可少的外部因素，应该在制定规则、监督规则执行、惩罚不遵守规则的行为等方面发挥作用。分配对协同绩效的直接作用影响较大，说明应该制定合理分配机制，充分发挥分配机制的作用。另外，平台对协同行为的直接影响效应值比较小，说明即使平台存在，也不一定能促成协同行为或者产生协同行为，还是要了解参与者的需求，激发参与者动力，与合理的分配因素一起存在才能产生协同行为及协同绩效。

从作用路径方面数据，研究数据发现政策-平台、政策-分配、平台-协同行为、动力-协同绩效作用路径效果不明显，结合之前分析成果，已得到平台-协同行为-协同绩效作用效率最高，平台-分配-协同行为-协同绩效作用路径也是存在的，我们可以得出两条由外部政策因素作用产生的组织间协同行为及协同绩效作用路径：即通过政策-动力-协同行为-协同绩效的组织间体现集体理性作用路径，和通过政策-动力-平台-分配-协同行为-协同绩效的组织间体现个体理性作用路径。集体理性作用路径是组织间通过政策指引及政策环境影响，组织间产生协同动力，通过组织间集体理性形成协同行为，产生协同绩效的组织协同产生，效率最高。个体理性作用路径是在政策因素的影响下，组织间都产生了协同动力，但没有通过协同动力直接产生协同行为，而是通过形成平台机制，通过平台进行进一步沟通与交流，对协同成果的分配方式形成共识，再通过协同行为的产生形成协同绩效，也能达到组织协同的目的效果。

4.3.5 调节效应分析

根据前文假设，政策在动力、平台、分配对协同行为与协同绩效的影响过程中起到中介作用。本章节分析政策对动力、平台、分配的调节效应。分析的思路是：首先基于内源性驱动因子和组织间关系对协同行为与绩效的影响模型，然后添加政策因素，观察添加之后原有路径系统的变化，据此探讨政策的调节效应，使用的软件仍然是 AMOS 20.0。

①政策对动力到协同行为与协同绩效的调节作用

将政策加入模型 M1 中，形成模型 M4。经过模型运行，观察路径系数的显著性，对模型变量的残差进行分析和修正，得到该模型的运行结果，如图 4-13 所示。

对模型 M4 的拟合优度的检验如表 4-19 所示，对照表 4-10 拟合有毒指标判别标准进行对照，模型 M4 的 X^2/df 值为 2.561，处于 1 和 3 之间，符合判别标准；GFI 和 AGFI 的值接近 0.9，CFI 和 TLI 的值大于 0.9，RMR 的值为 0.026，RMSEA 的值为 0.050，除 GFI 稍小于 0.9 外，其他各项数值均符合判别标准，因此可以认为此模型通过检验。

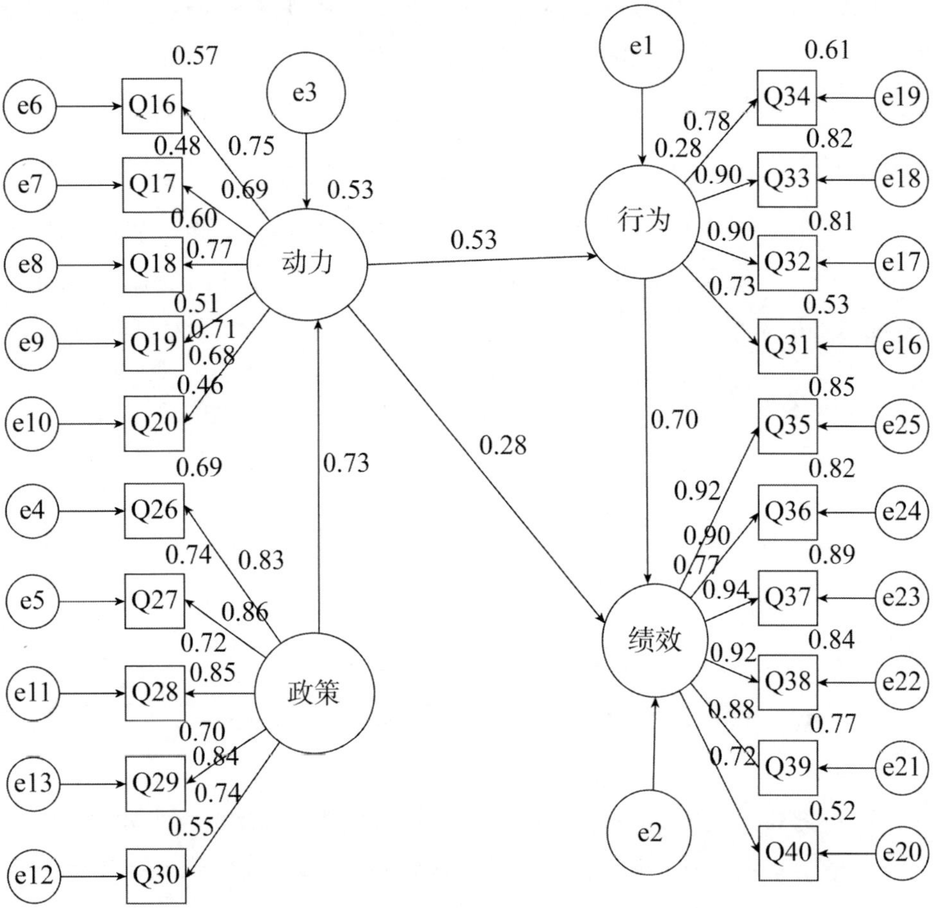

图 4-13　政策对动力到协同行为与协同绩效的调节作用模型 M4

Fig. 4-13　Model M4 of the moderating effect of policy on motivation to collaborative behavior and collaborative performance

表 4-19　模型 M4 拟合优度指标数据

Tab. 4-19　goodness of fit index data of model M4

模型	X^2/df	GFI	AGFI	CFI	TLI	RMR	RMSEA
M4	2.561	0.899	0.896	0.960	0.953	0.026	0.059

M4 中政策对协同行为与协同绩效的影响包含各个路径系数的乘积，即：政策对协同行为的间接效应为 0.73×0.53＝0.39；政策对协同绩效的间接效应为 0.73×0.28＝0.21。也就是说，在其他条件不变的情况下，政策提升一个单位，协同行为将提高 0.39 个单位，协同绩效提高 0.21 个单位。将模型 M4 与未加入政策前的模型 M1 和 M3 的路径进行对比，通过表 4-20 可以发现，动力对协同行为和协同绩效的影响都得到了提高，说明，政策对动力、协同行为与协同绩效之间的关系具有正向调节作用。政策通过动力对协同行为产生的正向调节作用大于通过动力对协同绩效产生的正向调节作用。假设 H1：政策正向影响企业组织间协同动力得到验证，假设成立。

表 4-20　加入政策环境前后模型的路径系数变化情况

Tab. 4-20　Changes of path coefficients of the model before and after the inclusion of policy environment

潜变量关系	加入前路径系数	加入后路径系数	检验结果
协同行为<---动力	0.44***	0.53***	提高
协同绩效<---动力	0.26***	0.28***	提高

注：***为 $p<0.01$，**为 $p<0.05$，*为 $p<0.1$。

②政策对组织间关系影响协同行为与协同绩效的调节作用

在组织间关系对协同行为与协同绩效的影响模型 M2 的基础上添加政策因素，构建模型 M5。经过模型运行，观察路径系数的显著性，对模型变量的残差进行分析和修正，得到该模型的运行结果，如图 4-14 所示。

对模型 M5 的拟合优度的检验如表 4-21 所示。对照表 4-21 拟合优度指标判别标准进行对照，X^2/df 值为 2.457，处于 1 和 3 之间，符合判别标准；GFI 值为 0.913，AGFI 值为 0.901，CFI 和 TLI 的值分别为 0.936 和 0.902.，RMR 的值为 0.025，RMSEA 的值为 0.059，各项数值均符合判别标准，因此可以认为此模型通过检验。

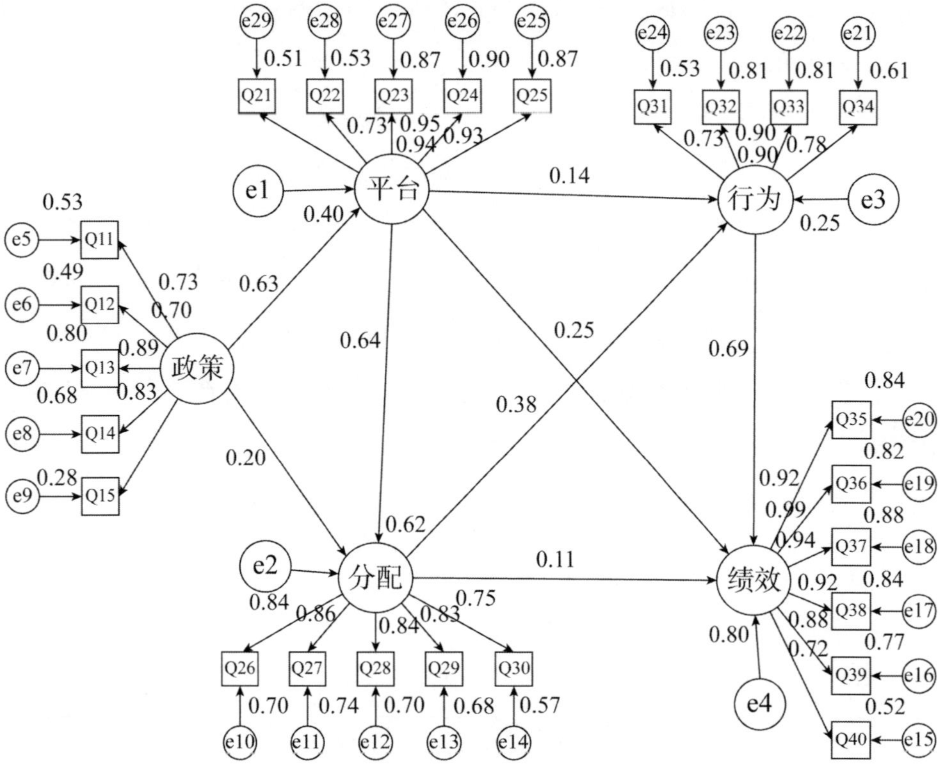

图 4-14　政策对组织间关系影响协同行为与协同绩效的调节作用模型 M5

Fig. 4-14　Model M5 of the moderating effect of policy on inter-organizational relationship on collaborative behavior and collaborative performance

表 4-21　模型 M5 拟合优度指标数据

Tab. 4-21　goodness of fit index data of model M5

模型	X^2/df	GFI	AGFI	CFI	TLI	RMR	RMSEA
M5	2.457	0.913	0.901	0.936	0.902	0.025	0.059

M5 中平台对协同行为的直接效应为 0.14；平台对协同绩效的直接效应为 0.25。将模型 M5 与未加入机制之前的模型 M2 的路径进行对比，可以发现各项路径的数值发生一定变化，如表 4-22 所示。平台到协同行为和协同绩效的路径系数有所提高，说明政策对平台到协同

行为和绩效的作用有较小正向的影响。说明政策对平台产生协同行为的正向作用效果大于政策对平台产生协同绩效的正向作用效果。

表 4-22 加入政策环境前后模型的路径系数变化情况

Tab. 4-22 Path coefficient changes of the model before and after the policy environment was added

潜变量关系	加入前路径系数	加入后路径系数	检验结果
协同行为<---平台	0.07***	0.14***	提高
协同绩效<---平台	0.22***	0.25***	提高

注：***为 $p<0.01$，**为 $p<0.05$，*为 $p<0.1$。

4.3.6 稳健性检验

对本书主模型 $M1$、$M2$、$M3$、$M4$、$M5$ 进行 Rasey RESET 检验和 White 检验，其检验结果如表 4-23 所示，其中主模型 Rasey RESET 检验的 P 值均大于 0.1，White 检验的 P 值均小于 0.1，说明主模型即没有遗漏关键变量，也不存在异方差问题，因此主模型不存在设定误差，模型检验结果健全可信。用 EFFECT 回归方法重新对上述数据进行实证检验，其检验结果与本书研究结果一致。借鉴已有研究，将样本数据拆分成两部分，即 SampleⅠ和 SampleⅡ，分别进行实证检验，实证结果发现 SampleⅠ和 SampleⅡ仍与上述实证结果一致。多种检验均应证明本书的实证分析满足稳健性要求。

表 4-23 Rasey RESET 检验与 White 检验 P 值

Tab. 4-23 P values of Rasey Reset test and White test

	M1	M2	M3	M4	M5
Rasey RESET 检验	0.619	0.401	0.435	0.327	0.429
White 检验	0.014	0.031	0.010	0.016	0.000

4.3.7 假设验证结果

本小节对协同影响因素的作用机理通过结构方程模型进行了分析，首先分别验证了内源性驱动因子、外源性驱动因子和组织间关系因子对协同行为和协同绩效的影响作用，然后分别检验了政策对动力、组织间关系因素影响协同行为与协同绩效的调节作用。

通过实证分析可知，对本章提出的 13 项假设，假设 H2、H3、H7、H9 不成立外（H7 路径系数过小可以忽略其对协同行为的影响，H2、H3、H9 路径系数为负值，说明是反向影响而不是正向影响），其他假设均通过了显著性检验，假设成立。作者所做的假设均是在考虑已有研究成果、充分进行理论论证的基础上所提出，实证结果也证明作者的分析结论。研究假设的验证情况如表 4-24 所示。

表 4-24　本章节研究假设的验证情况

Tab. 4-24　Verification of the research hypothesis in this chapter

理论假设	假设验证情况
H1：政策正向影响动力	成立
H2：政策正向影响平台	不成立
H3：政策正向影响分配	不成立
H4：动力正向影响协同行为	成立
H5：动力正向影响平台	成立
H6：动力正向影响分配	成立
H7：动力正向影响协同绩效	不成立
H8：平台正向影响分配	成立
H9：平台正向影响协同行为	不成立
H10：平台正向影响协同绩效	成立
H11：分配正向影响寡头间协同行为	成立
H12：分配正向影响寡头间协同绩效	成立
H13：协同行为正向影响协同绩效	成立

4.4 作用机理及作用路径

4.4.1 作用机理

通过前文内源驱动因子、组织间关系、外源驱动因子对协同行为与协同绩效的作用机理分析可以看出：

在内源驱动因子对协同行为与协同绩效的作用机理分析中，动力对协同行为的直接效应为0.44，大于对协同绩效的直接效应0.26；但是动力对协同绩效的总效应为0.56，大于动力对协同行为的总效应0.44。

在组织间关系对对协同行为与协同绩效的作用机理分析中，平台的作用非常关键，他对分配、协同绩效、协同行为的总效应分别为0.8、0.6、0.43，虽然平台对协同行为的直接效应不显著，但总体作用非常重要，应该充分发挥平台的作用。分配对协同行为的直接效应0.22大于对协同绩效的直接效应0.12，说明分配的机制对协同行为的产生比协同绩效更加敏感；与此同时，分配对协同绩效的总效应0.42大于分配对协同行为的总效应0.22，说明分配机制对协同绩效的形成作用显著。协同行为对协同绩效作用效应系数0.68，说明行为对绩效作用效果非常显著。

在外源驱动因子对协同行为与协同绩效的作用机理分析中，从直接效应来看，动力对协同行为的直接影响最大，效应值为0.48，平台对协同绩效的直接影响最大，效应值为0.22。从间接效应来看，政策对协同行为的间接效应最大，效应值为0.46；动力对协同绩效的间接影响最大，效应值为0.74。从总效应来看，动力对协同行为和绩效的影响最大，效应值为0.59、0.77，政策对协同行为和绩效的影响次之，效应值为 0.46、0.33，分配对协同行为和绩效的影响第三，效应值为 0.19、0.24，平台对协同行为和绩效的影响最小。

从外部因素调节效应分析，政策对动力、协同行为与协同绩效之间的关系具有正向调节作用，政策通过动力对协同行为产生的正向调节作用大于通过动力对协同绩效产生的正向调节作用；政策对平台产生协同行为的正向作用效果大于政策对平台产生协同绩效的正向作用效果。

因此，对于面向技术标准化的中国核工业组织协同机理为：由于社会属性的客观要求，中国核工业组织在国家政策引导下形成的组织动力必然决定性的影响组织间协同行为及组织绩效，同时政策与动力也必然将通过各自的方式来影响并传导至平台与分配，乃至形成对组织间协同的影响并产生不同的作用路径。政策对协同行为的间接影响最大，政策是方向、是原则但并非直接作用于组织；动力对协同行为的直接影响最大，动力是关键、是组织执行政策的积极性驱动；平台对协同绩效的直接影响最大，平台是提供技术标准资源的根本和基础，能否良好的利用并为平台提供有效资源是组织与平台互动有效的基础，平台对协同行为的直接影响效应值比较小，说明即使平台存在，也不一定能促成协同行为或者产生协同行为，还是要与其他影响因素一起作用才能产生协同行为及协同绩效；分配对协同绩效的直接影响较大，分配影响组织参与合作的积极性，也会影响组织协同的动力和整体绩效。

4.4.2 作用路径

在内源驱动因子对协同行为与协同绩效的作用路径分析中，协同行为对协同绩效直接效应为 0.68，说明协同行为能较好的传递形成协同绩效的路径，动力通过协同行为传递形成协同绩效的路径是效率最高的路径，即动力-协同行为-协同绩效作用路径效率最高。

在组织间关系对对协同行为与协同绩效的作用路径分析得到，平台-分配-协同行为-协同绩效的作用路径是最高效的作用路径。我们发现平台、分配等因素引导协同行为的产生，进而形成协同绩效。

在外源驱动因子对协同行为与协同绩效的作用路径分析中，动力因素对促进协同行为起到了很大的作用，但是动力因素对协同绩效没有直接的影响，而是通过其他因素来间接影响协同绩效的，并且间接影响的效应值很高，我们发现动力因素在组织协同中的重要作用。政策对协同行为和协同绩效的间接影响比较大，说明政策是通过动力等因素间接地影响协同行为与绩效，通过路径传递作用效果，政策的作用效果仅次于动力因素。

从作用路径方面数据，研究数据发现政策-平台、政策-分配、平台-协同行为、动力-协同绩效作用路径效果不明显，结合之前分析成果，已得到动力-协同行为-协同绩效作用效率最高，平台-分配-协同行为-协同绩效作用路径也是存在的，因此，我们可以得出两条由外部政策因素作用产生的组织间协同行为及协同绩效作用路径：即通过政策-动力-协同行为-协同绩效的组织间体现集体理性的作用路径，和通过政策-动力-平台-分配-协同行为-协同绩效的组织间体现个体理性的。协同绩效最后再反馈到政策，政策根据协同绩效效果进行调整优化，形成闭环。

第一条作用路径是组织间通过政策指引及政策环境影响，组织间产生协同动力，通过组织间高层次的集体理性形成协同行为，产生协同绩效，效率最高，所以称为体现集体理性的作用路径。第二条作用路径是在政策因素使组织间都产生协同动力，但由于组织缺乏高度的集体理性认识，没有通过动力从组织间直接产生协同行为，而是鉴于个体理性，通过建立第三方平台机制，通过平台进行进一步沟通与交易，对协同成果的分配形成共识，再通过协同行为的产生形成协同绩效，根据绩效判断有利再达到组织协同的目的，所以，把第二条作用

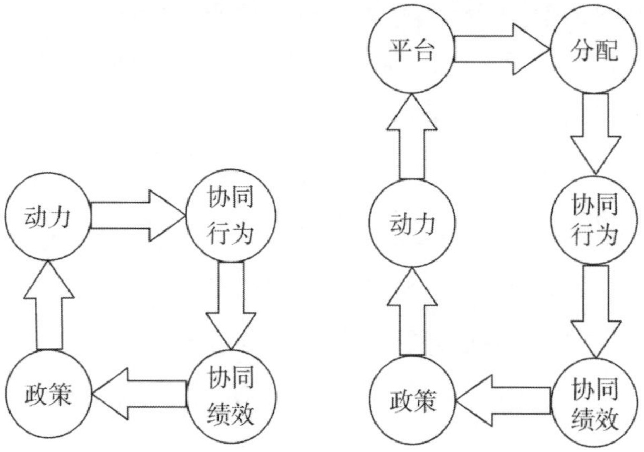

图 4-15　协同作用路径示意图

Fig. 4-15　Synergistic action path diagram

路径称为体现个体理性的作用路径。上述数据表明个体理性作用路径效率传递成本比集体理性作用路径成本要高，因此，集体理性作用路径是组织间形成协同的更高层次的最优作用路径。

4.5　本章小结

本章对核工业组织间组织协同影响因素的作用机理及作用路径进行了分析，通过理论建模进行了假设构建，通过调查问卷，对假设进行了分析验证，通过内源驱动因子、组织间关系、外源驱动因子对协同行为与协同绩效的作用路径分析得到以下结论：

在内源驱动因子对协同行为与协同绩效的作用路径分析中，动力对协同行为的直接效应为大于协同绩效；但是动力对协同绩效的总效应大于协同行为。

在组织间关系对对协同行为与协同绩效的作用路径分析中，平台的作用非常关键，虽然平台对协同行为的直接效应不显著，但总体作用非常重要。分配对协同行为的直接效应大于协同绩效，说明分配的机制对协同行为的产生比协同绩效更加敏感；与此同时，分配对协同绩效的总效应大于对协同行为，说明分配机制对协同绩效的形成作用显著。

在外源驱动因子对协同行为与协同绩效的作用路径分析中，从直接效应来看，动力对协同行为的直接影响最大，平台对协同绩效的直接影响最大。从间接效应来看，政策对协同行为的间接效应最大，动力对协同绩效的间接影响最大。从总效应来看，动力对协同行为和绩效的影响最大，依次是政策、分配、平台。动力因素对促进协同行为起到了很大的作用，但是动力因素对协同绩效没有直接的影响，而是通过其他因素来间接影响协同绩效的，并且间接影响的效应值很高。政策对协同行为和协同绩效的间接影响比较大，说明政策是通过动力等因素间接地影响协同行为与绩效。分配对协同绩效的直接作用影响较大，平台对协同行为的直接影响效应值比较小，说明即使平台存在，也不一定能促成协同行为或者产生协同行为，还是要了解参与者的需求，激发参与者动力，与合理的分配因素一起存在才能产生协同行为及协同绩效。

因此，对于面向技术标准化的中国核工业组织协同影响因素作用机理为：由于社会属性的客观要求，中国核工业组织在国家政策引导下形成的组织动力必然决定性的影响组织间协同行为及组织绩效，同时政策与动力也必然将通过各自的方式来影响并传导至平台与分配，乃至形成对组织间协同的影响并产生不同的作用路径。政策对协同行为的间接影响最大，政策是方向、是原则但并非直接作用于组织；动力对协同行为的直接影响最大，动力是关键、是组织执行政策的积极性驱动；平台对协同绩效的直接影响最大，平台是提供技术标准资源的根本和基础，能否良好的利用并为平台提供有效资源是组织与平台互动有效的基础，平台对协同行为的直接影响效应值比较小，说明即使平台存在，也不一定能促成协同行为或者产生协同行为，还是要与其他影响因素一起作用才能产生协同行为及协同绩效；分配对协同绩效的直接影响较大，分配影响组织参与合作的积极性，也会影响组织协同的动力和整体绩效。

通过作用路径分析，我们可以得到两条由外部政策因素作用产生的组织间协同行为及协同绩效作用路径：即通过政策-动力-协同行为-协同绩效的组织间集体理性作用路径，和通过政策-动力-平台-分配-协同行为-协同绩效的组织间个体理性作用路径。集体理性作用路径是组织间通过政策指引及政策环境影响，组织间产生协同动力，通过组织间集体理性形成协同行为，产生协同绩效，效率最高。个体理性作用路径是在政策因素使组织间产生协同动力，但由于组织缺乏高度的集体理性认识，没有通过动力从组织间直接产生协同行为，而是通过建立第三方平台机制，通过平台进行进一步沟通与交易，对协同成果的分配形成共识，再通过协同行为的产生形成协同绩效，根据个体理性的判断达到组织协同的效果。所以，个体理性作用路径效率传递成本比集体理性作用路径效率传递成本要高，集体理性作用路径是组织间形成协同的更高层次的最优路径。

第 5 章　中国核工业组织协同关系治理对策

前文围绕着“核工业组织间竞争发展的个体理性与产业社会属性所要求的集体理性之间的矛盾”展开研究，揭示了面向技术标准化的我国核工业组织协同的内涵和特征，从产业哲学的角度分析了技术与组织、技术标准化与组织协同之间的关系；通过专家访谈及文献分析对影响核工业组织协同的影响因素进行了归纳总结和提炼，并建立了“四因素两阶段”理论分析模型，通过结构方程对核工业从业者的 302 份调查问卷进行了分析，得到了影响因素的作用机理和两条作用路径。本章将利用前文所得研究基础，通过演化博弈方法研究协同治理机制。借助演化博弈模型分析组织间协同行为产生的过程，并结合第四章提出的影响因素作用机理与路径，提出具体的治理策略。

5.1　基于演化博弈的中国核工业组织协同治理研究

5.1.1　演化博弈理论

费希尔在进行性别比例研究时创建了演化博弈理论，古诺通过该理论研究了寡头市场的产量调整问题，而比较完整的理论成果是在纳什解释群体行为的研究中形成的。演化博弈在各领域得以广泛应用的是在 Maynard Smith 和 Price 发表《The Logic of Animal Conflict》之后。演化博弈不再把参与方假设为超级理性，而是有限理性人在某些因素的影响下，通过不断试错进行策略调整，最终达到平衡状态。演化稳定策略和复制动态方程是演化博弈理论的两个核心概念：演化稳定策略表征演化博弈的稳定状态，复制动态方程反映的是向这种状态的动态收敛的过程情况。

核工业组织之间选择参与协同行为或者不参与协同行为策略是一个复杂的动态博弈过程，理性的形成往往依赖于相应文化、制度、机制的激励和引导、控制等。核工业组织之间是具有不同发展背景的企业，企业之间存在竞合关系，同时核工业组织之间追求理性行为的差异会导致协同动机、收益情况、成本的不同，因此利用演化博弈方法探究核工业组织之间参与协同行为与不参与协同行为的演化规律，这将有助于从微观视角了解核工业组织之间理性选择的心理行为，从而做出行动策略，因此针对核工业组织之间的行动策略制定匹配的对策，促进核工业组织之间做出协同行为选择。

5.1.2　模型假设

环境的复杂多变与不确定性，使得核工业组织之间的协同行为也是动态和不断变化的。尤其是具有不同发展背景的核工业组织在信息不对称情况下的策略选择更是无法确定。因此，结合实际情况，本书选取演化博弈进行双核工业组织间协同策略选择的动态分析，并作出如下假设：

假设1：在具有社会属性的核工业产业中，考虑核工业的两个企业集团组织群体：在博弈过程中核工业组织A和核工业组织B都是有限理性的群体，核工业组织A代表因历史因素具有产业链传统优势的集团，核工业组织B代表随着产业发展不断壮大的新兴发展集团，且在t时刻，只有核工业组织A与核工业组织B进行策略选择，并且彼此之间获取不完全信息，对对方的策略选择是未知的。博弈初期，核工业组织A与核工业组织B都不能确定哪种策略是自己的最佳策略选择，都需要进行重复博弈，在不断重复试错的过程中找到最优策略。

假设2：在组织协同过程中，核工业组织A和核工业组织B，二者的策略组合都是{参与协同，不参与协同}，核工业组织A选择协同的概率为x（$x \in [0, 1]$），核工业组织B选择协同的概率为y（$y \in [0, 1]$），则核工业组织间选择不协同的概率分别为$1-x$，$1-y$。

假设3：政策假设。政府作为国家政策及产业制度制定者，需要对协同主体进行激励与约束，核工业组织间协同的顺利实现，政府应当充分发挥其顶层设计职能。政府在对博弈双方策略选择过程中监督其策略行为，对协同方进行奖励M，对不协同方进行惩罚D。

假设4：动力假设。在产业组织内，协同主体核工业组织间不论是否选择协同策略，二者都有基本收益，协同后能取得数据信息、资源、产品优化等超额收益。因此，虽然当核工业组织都选择不协同策略时，组织间无法实现协同，无法取得协同的超额收益，但是产业内的主体都能得到基本收益，分别用R_1（核工业组织A基本收益）、R_2（核工业组织B基本收益）。

假设5：分配假设。按照双方技术投入及相应协定进行分配，令核工业组织A获取超额收益R的分配比例为p，核工业组织B获取超额收益R的比例为q，由于作为具有传统优势的核工业组织A，核工业组织A相较于核工业组织B在产业链方面具有传统优势，因此我们假设$p>q$且$p+q=1$。则在协同状态下，核工业组织A总收益为R_1+pR，核工业组织B总收益为R_2+qR。

假设6：成本假设。当核工业组织间都选择协同策略时，二者都会投入一定的协同资源，进行更深层次的交流与融合达成协同状态，假设双方进行协同时投入的成本为分别为C_1、C_2。

5.1.3 模型构建

根据上述假设，本节构建核工业组织协同博弈的收益矩阵，核工业组织协同的博弈结果包含（参与协同，参与协同）、（参与协同，不参与协同）、（不参与协同，参与协同）和（不参与协同，不参与协同）4 个结果。为书写方便参与协同行为简化为协同、不参与协同行为简化为不协同，适用于本节分析。见表 5-1。

表 5-1　核工业组织协同博弈收益矩阵

Tab. 5-1　Revenue Matrix of Collaborative Game for Nuclear Industry Organizations

		核工业组织 B	
		协同 （y）	不协同 （$1-y$）
核工业组织 A	协同 （x）	R_1+pR-C_1， R_2+qR-C_2	R_1+M-C_1， R_2-D
	不协同 （$1-x$）	R_1-D， R_2+M-C_2	R_1， R_2

注：核工业组织成员的策略选择原则是总收益大于总成本。

假设核工业组织 A 选择“协同”和“不协同”的期望收益分别为 E_{1Y}，E_{1N}，则由博弈收益矩阵可得：

$$E_{1Y}=y(R_1+pR-C_1)+(1-y)(R_1+M-C_1)=y(pR-M)+R_1+M-C_1$$

$$E_{1N}=y(R_1-D)+(1-y)R_1=R_1-yD$$

假设核工业组织 B 选择“协同”和“不协同”的期望收益分别为 E_{2Y}，E_{2N}，由对称性条件，可以得到博弈收益矩阵为：

$$E_{2Y}=x(R_2+qR-C_2)+(1-x)(R_2+M-C_2)=x(qR-M)+R_2+M-C_2$$

$$E_{2N}=x(R_2-D)+(1-x)R_2=R_2-xD$$

假设核工业组织 A 和核工业组织 B 的平均期望收益分别为 E_1，E_2，则：

$E_1=xE_{1Y}+(1-x)E_{1N}=x[y(pR-M)+R_1+M-C_1]+(1-x)(R_1-yD)$

$E_2=yE_{2Y}+(1-y)E_{2N}=y[x(qR-M)+R_2+M-C_2]+(1-y)(R_2-xD)$

由演化博弈理论，核工业组织 A 和核工业组织 B 以自己的历史结果或者相似条件下其他博弈方的策略作为下一次博弈的策略选择，分别计算核工业组织 A 和核工业组织 B 的复制动态方程为：

$F(x,y)=x(E_{1Y}-E_1)=x\{E_{1Y}-[xE_{1Y}+(1-x)E_{1N}]\}=x(1-x)(E_{1Y}-E_{1N})$

$G(x,y)=y(E_{2Y}-E_2)=y\{E_{2Y}-[yE_{2Y}+(1-y)E_{2N}]\}=y(1-y)(E_{2Y}-E_{2N})$

由 $F(x,y)=0$，$G(x,y)=0$，组成的动态系统的复制动态方程组为：

$$\begin{cases}F(x,y)=x(E_{1Y}-E_1)=x(1-x)(E_{1Y}-E_{1N})=0\\G(x,y)=y(E_{2Y}-E_2)=y(1-y)(E_{2Y}-E_{2N})=0\end{cases}$$

将 E_{1Y}、E_{1N}、E_{2Y} 和 E_{2N} 的值带入方程组可得：

$$\begin{cases}x(1-x)[y(pR+D-M)+M-C_1]=0\\y(1-y)[x(qR+D-M)+M-C_2]=0\end{cases}$$

5.1.4 模型分析

(1) 核工业组织 A 的演化路径分析

由上述公式可知，核工业组织 A 策略选择的复制动态方程为：

$F(x,y)=x(E_{1Y}-E_1)=x\{E_{1Y}-[xE_{1Y}+(1-x)E_{1N}]\}=x(1-x)(E_{1Y}-E_{1N})=x(1-x)[y(pR+D-M)+$

$M-C_1]$

当 $y=\frac{M-C_1}{M-pR-D}$ 时，$F(x, y)=0$，对于所有的 x 都是稳定状态，即当核工业组织 B 选择协同的概率为 $y=\frac{M-C_1}{M-pR-D}$ 时，核工业组织 A 无论进行哪种策略选择都是无差异的，也就是说核工业组织 A 选择参与协同或是不参与协同，其收益都是不变的，其复制动态相位图见图 5-1（a）。

当 $y\neq\frac{M-C_1}{M-pR-D}$ 时，令 $F(x, y)=0$ 可以得到 x 的两个稳定状态 $x=0$ 和 $x=1$。由演化稳定性的条件 $\frac{\mathrm{d}F(x, y)}{\mathrm{d}x}<0$ 可知：

则当 $y>\frac{M-C_1}{M-pR-D}$ 时，$x=1$ 是 x 的稳定状态，此时，$F(x, y)$ 在区间（0，1）大于零且 $E_{1Y}-E_1>0$，即核工业组织 A 选择“协同”策略的期望收益大于其平均期望收益，因此，有限理性核工业组织 A 选择协同的概率 $x=1$，期复式动态相位图见图 5-1（b）。

当 $y<\frac{M-C_1}{M-pR-D}$ 时，$F(x, y)$ 在区间（0，1）小于零且 $E_{1Y}-E_1<0$，即核工业组织 A 选择“不协同”策略的期望收益大于其平均期望收益，此时核工业组织 A 选择“不协同”策略的概率 $1-x=1$，即 $x=0$ 是 x 的稳定状态。即使初始状态是 $x=1$，由于其期望收益小于平均期望收益，受到利益驱使，核工业组织 A 会通过“试错”学习的形式去尝试选择“不协同”策略，并最终在 $x=0$ 处达到稳定。此时核工业组织 A 的复制动态相位图见图 5-1（c）。

（2）核工业组织 B 的演化路径分析

方法类似于核工业组织 A 的演化路径可得核工业组织 B 的策略分析结果：

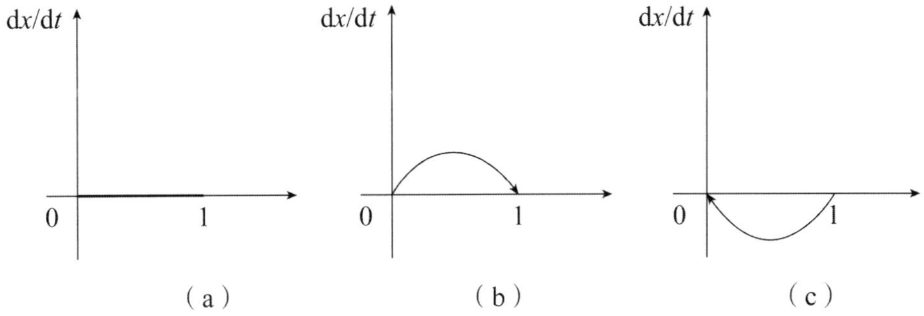

图 5-1　核工业组织 A 复制动态相位图

Fig. 5-1　Nuclear industry organization A replication dynamic phase diagram

(a) 组织 1 决策无差异；(b) 组织 1 选择协同策略；(c) 组织 1 选择不协同策略

当 $x=\frac{M-C_2}{M-qR-D}$ 时，G（x，y）$=0$，对于所有的 y 都是稳定状态，即当核工业组织 A 选择协同的概率为 $x=\frac{M-C_2}{M-qR-D}$ 时，核工业组织 B 方无论进行哪种策略选择都是无差异的，其复制动态相位图见图 5-2（a）。

当 $x\neq\frac{M-C_2}{M-qR-D}$ 时，令 G（x，y）$=0$ 可以得到 y 的两个稳定状态 $y=0$ 和 $y=1$。演化稳定性条件为 $\frac{dG(x,y)}{dy}<0$：

则当 $x>\frac{M-C_2}{M-qR-D}$ 时，$y=1$ 是 y 的稳定状态，此时，G（x，y）$=0$ 在区间（0，1）大于零且 $E_{2Y}-E_2>0$，即核工业组织 B 选择"协同"策略的期望收益大于其平均期望收益，因此，有限理性核工业组织 B 选择"协同"的概率 $y=1$，动态相位图见图 5-2（b）。

当 $x<\frac{M-C_2}{M-qR-D}$ 时，G（x，y）在区间（0，1）小于零且 $E_{2Y}-E_2<0$，即核工业组织 B 选择"不协同"策略的期望收益大于其平

均期望收益，此时核工业组织 A 选择“不协同”策略的概率 $1-y=1$，即 $y=0$ 是 y 的稳定状态。即使初始状态是 $y=1$，由于其期望收益小于平均期望收益，受到利益驱使，核工业组织 B 也会通过“试错”形式尝试选择“不协同”策略，并最终在 $y=0$ 处达到稳定。此时核工业组织 B 的复制动态相位图如图 5-2（c）所示。

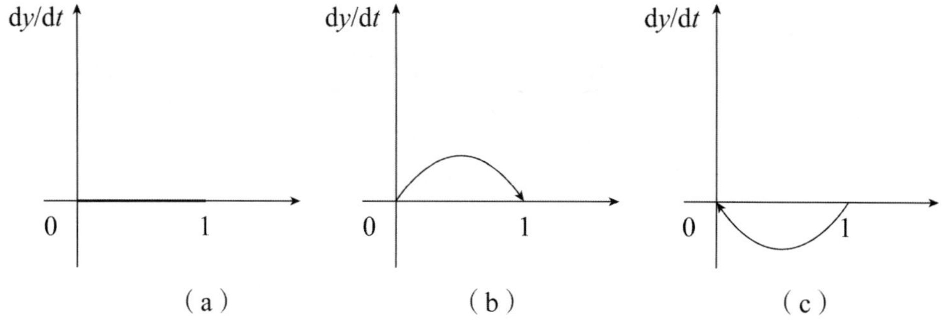

图 5-2　核工业组织 B 复制动态相位图

Fig. 5-2　Nuclear industry organization B replication dynamic phase diagram

(a) 组织 2 决策无差异；(b) 组织 2 选择协同策略；(c) 组织 2 选择不协同策略

(3) 核工业组织 A 和核工业组织 B 的混合策略演化分析

基于对核工业组织 A 和核工业组织 B 复制动态方程的分析可知，二者在不同的条件下分别有 3 种演化的稳定策略，代入方程组可得核工业组织 A 和核工业组织 B 双方策略演化组成的动态系统的复制动态方程组为：

$$\begin{cases} F(x, y)=x(E_{1Y}-E_1)=x(1-x)(E_{1Y}-E_{1N})=0 \\ G(x, y)=y(E_{2Y}-E_2)=y(1-y)(E_{2Y}-E_{2N})=0 \end{cases}$$

当 $0\leqslant x\leqslant 1$ 且 $0\leqslant y\leqslant 1$ 时可以得到 5 个演化博弈的均衡点：A(0, 0)，B(0, 1)，C(1, 0)，D(1, 1)，$O\left(\frac{M-C_2}{M-qR-D}, \frac{M-C_1}{M-pR-D}\right)$．通过雅可比矩阵局部稳定性分析可以对核工业组织 A

与核工业组织 B 协同均衡点的稳定性进行分析，代入方程组可以得到协同的雅可比矩阵：

$$J=\begin{pmatrix}\frac{\partial F(x,y)}{\partial x} & \frac{\partial F(x,y)}{\partial y}\\ \frac{\partial G(x,y)}{\partial x} & \frac{\partial G(x,y)}{\partial y}\end{pmatrix}$$

$$=\begin{pmatrix}(1-2x)[y(pR+D-M)+M-C_1] & x(1-x)(pR+D-M)\\ y(1-y)(qR+D-M) & (1-2y)[x(qR+D-M)+M-C_2]\end{pmatrix}$$

则矩阵 J 的行列式 det（J）和秩 tr（J）分别为：

$$\det(J)=\frac{\partial F(x,y)}{\partial x}\cdot\frac{\partial G(x,y)}{\partial y}-\frac{\partial F(x,y)}{\partial y}\cdot\frac{\partial G(x,y)}{\partial x} \quad (6)$$

$$tr(J)=\frac{\partial F(x,y)}{\partial x}+\frac{\partial G(x,y)}{\partial y}$$

表 5-2　均衡点局部稳定性分析中 det（J）与 tr（J）计算结果

Tab. 5-2　The local stability analysisdet（J）and tr（J）calculation results of equilibrium point

均衡点	det（J）	tr（J）
（0，0）	$(M-C_1)(M-C_2)$	$2M-C_1-C_2$
（0，1）	$(pR+D-C_1)(C_2-M)$	$pR+D-C_1+C_2-M$
（1，0）	$(qR+D-C_2)(C_1-M)$	$qR+D-C_2+C_1-M$
（1，1）	$(C_1-pR-D)(C_2-qR-D)$	$C_1+C_2-pR-2D$

针对不同假设条件对 5 个平衡点的 det（J）与 tr（J）符号进行确定，见表 5-3。

表 5-3　不同前提条件下 det（J）与 tr（J）符号确定情形

Tab. 5-3　and symbol determinationdet（J）and tr（J）under different preconditions

前提		det（J）与 tr（J）符号确定情形			
条件 1	条件 2	（0，0）	（0，1）	（1，0）	（1，1）
$M>C_1$，$M>C_2$	$pR-C_1>-D$，$qR-C_2>-D$	+，+	−，不确定	−，不确定	+，−
	$pR-C_1>-D$，$qR-C_2<-D$	+，+	−，不确定	+，−	−，不确定
	$pR-C_1<-D$，$qR-C_2>-D$	+，+	+，−	−，不确定	−，不确定
	$pR-C_1<-D$，$qR-C_2<-D$	+，+	+，−	+，−	+，+
$M>C_1$，$M<C_2$	$pR-C_1>-D$，$qR-C_2>-D$	−，不确定	+，+	−，不确定	+，−
	$pR-C_1>-D$，$qR-C_2<-D$	−，不确定	+，+	+，−	−，不确定
	$pR-C_1<-D$，$qR-C_2>-D$	−，不确定	−，不确定	−，不确定	−，不确定
	$pR-C_1<-D$，$qR-C_2<-D$	−，不确定	+，+	+，−	+，+
$M<C_1$，$M>C_2$	$pR-C_1>-D$，$qR-C_2>-D$	−，不确定	−，不确定	+，+	+，−
	$pR-C_1>-D$，$qR-C_2<-D$	−，不确定	−，不确定	−，不确定	−，不确定
	$pR-C_1<-D$，$qR-C_2>-D$	−，不确定	+，−	+，+	−，不确定
	$pR-C_1<-D$，$qR-C_2<-D$	−，不确定	+，−	−，不确定	+，+

续表

前提		det（J）与 tr（J）符号确定情形			
条件 1	条件 2	（0，0）	（0，1）	（1，0）	（1，1）
$M<C_1$，$M<C_2$	$pR-C_1>-D$，$qR-C_2>-D$	+，−	+，+	+，+	+，−
	$pR-C_1>-D$，$qR-C_2<-D$	+，−	+，+	−，不确定	−，不确定
	$pR-C_1<-D$，$qR-C_2>-D$	+，−	−，不确定	+，+	−，不确定
	$T_1pR-C_1<-D$，$T_2qR-C_2<-D$	+，−	−，不确定	−，不确定	+，+

由雅可比矩阵局部稳定性分析法可知，当均衡点可同时满足 det（J）>0，tr（J）<0 时，其为协同动态演化过程中的局部稳定点；当均衡点可同时满足 det（J）>0，tr（J）>0 时，其为协同动态演化过程中的不稳定点；当均衡点可同时满足 det（J）<0，tr（J）$=0$ 或者 tr（J）符号无法确定时，其为鞍点。对条件 1 的第一种情形进行分析，即当 $M>C_1$，$M>C_2$ 时，均衡点分析结果见表 5-4。

表 5-4　演化博弈均衡点稳定性分析结果

Tab. 5-4　Stability analysis results of equilibrium points in evolutionary games

均衡点	情形一	情形二	情形三	情形四
（0，0）	（+，+）不稳定	（+，+）不稳定	（+，+）不稳定	（+，+）不稳定
（0，1）	（−，不确定）鞍点	（−，不确定）鞍点	（+，−）ESS	（+，−）ESS
（1，0）	（−，不确定）鞍点	（+，−）ESS	（−，不确定）鞍点	（+，−）ESS
（1，1）	（+，−）ESS	（−，不确定）鞍点	（−，不确定）鞍点	（+，+）不稳定
$\left(\frac{C_2-M}{qR+D-M}, \frac{C_1-M}{pR+D-M}\right)$	—	—	—	鞍点

第一种情形：同时满足条件 $M>C_1$，$M>C_2$ 和 $pR-C_1>-D$，$qR-C_2>-D$ 时，协同博弈的稳定点为（1，1）点（见表 5-5 和图 5-3），说明无论初始位置在哪，核工业组织 A 的演化方向都将朝着（协同，协同）收敛。此时，选择“协同”策略获得的奖励大于付出的成本，且如果选择“协同”策略得到的净收益（协同收益减去协同成本）大于选择“不协同”策略获取的净收益。这种情形下，核工业组织双方都会具有很强烈的协同意愿。此时核工业组织 A 协同演化博弈均衡点相位图见图 5-3。

表 5-5 情形一条件下演化博弈局部稳定性分析

Tab. 5-5 Analysis of local stability of evolutionary game under case one

均衡点	det（J）	tr（J）	稳定性
（0，0）	+	+	不稳定
（0，1）	−	不确定	鞍点
（1，0）	−	不确定	鞍点
（1，1）	+	−	稳定

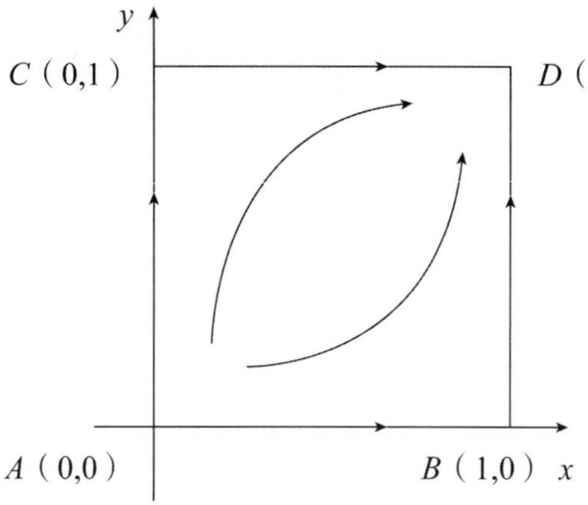

图 5-3 情形一条件下演化博弈均衡点相位图

Fig. 5-3 Phase diagram of equilibrium point of evolutionary gameunder case one

前提条件：$M>C_1$，$M>C_2$，$pR-C_1>-D$，$pR-C_2>-D$

第二种情形：当满足同时满足条件 $M>C_1$，$M>C_2$ 和 $pR-C_1>-D$，$qR-C_2<-D$ 时，由表 5-6 和图 5-4 可知，协同博弈的稳定点为（1，0）点，说明无论初始位置在哪，核工业组织 A 的演化方向都将朝着（协同，不协同）收敛。也就是说，经过反复博弈，演化结果为只有核工业组织 A 方会选择“协同”策略，核工业组织 B 会选择“不协同”策略。此时，虽然选择协同得到的奖励均大于协同成本，但是只有核工业组织 A 方选择的“协同”策略的净收益大于选择“不协同”策略的净收益；核工业组织 B 此时通过技术溢出获得的净收益大于选择“协同”策略时的净收益，因此“不协同”策略的收益对核工业组织 B 更具吸引力。这种情形下，核工业组织 A 想要进行协同的意愿高于核工业组织 B。核工业组织 A 协同演化博弈均衡点相位图见图 5-4。

表 5-6　情形二条件下演化博弈局部稳定性分析

Tab. 5-6　Local stability analysis of evolutionary gameunder case two

均衡点	det（J）	tr（J）	稳定性
（0，0）	+	+	不稳定
（0，1）	−	不确定	鞍点
（1，0）	+	−	稳定
（1，1）	−	不确定	鞍点

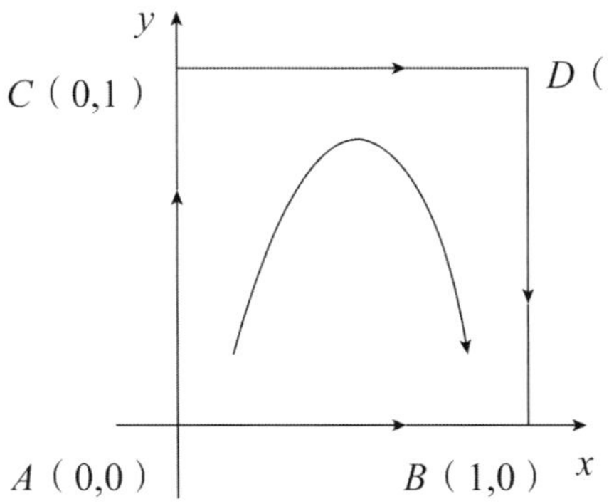

图 5-4　情形二条件下演化博弈均衡点相位图

Fig. 5-4　Phase Diagram of Equilibrium Point in Evolutionary Gameunder case two

前提条件：$M>C_1$，$M>C_2$，$pR-C_1>-D$，$pR-C_2>-D$

第三种情形：当满足同时满足条件 $M>C_1$，$M>C_2$ 和 $pR-C_1<-D$，$qR-C_2>-D$ 时，由表 5-7 和图 5-5 可知，协同博弈的稳定点为（0，1）点，即无论初始位置在哪，核工业组织 A 长期演化的结果是（不协同，协同）。也就是说，经过反复博弈，演化结果为只有核工业组织 B 方会选择“协同”策略，核工业组织 A 都会选择“不协同”策略。此时，虽然选择协同得到的奖励均大于协同成本，但是核工业组织 A 通过技术溢出获得的净收益大于选择“协同”策略时的净收益，因此“不协同”策略的收益对核工业组织 A 更具吸引力。核工业组织 A 方选择的“协同”策略的净收益小于选择“不协同”策略的净收益。因此，该条件下核工业组织 A 并没有想要进行协同的意愿。此时的核工业组织 A 演化博弈均衡点相位图见图 5-5。

表 5-7 情形三条件下演化博弈局部稳定性分析

Tab. 5-7 Local stability analysis of evolutionary gameunder case three

均衡点	det（*J*）	tr（*J*）	稳定性
（0，0）	+	+	不稳定
（0，1）	+	−	稳定
（1，0）	−	不确定	鞍点
（1，1）	−	不确定	鞍点

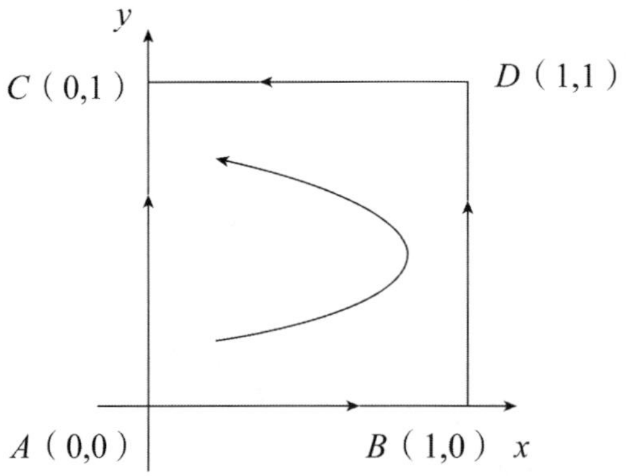

图 5-5 情形三条件下演化博弈均衡点相位图

Fig. 5-5 Phase diagram of equilibrium point in evolutionary gameunder case three

第四种情形：当满足同时满足条件 $M>C_1$，$M>C_2$ 和 $pR-C_1<-D$，$qR-C_2<-D$ 时，协同博弈的稳定点有两个，分别为（1，0）点和（0，1）（见表 5-8 和图 5-6），说明核工业组织 A 长期演化方向会朝着仅有一方选择协同。对于博弈双方来说，选择“协同”策略获得的奖励大于其付出的成本，可以对博弈双方选择“协同”策略起到一定的积极作用。由于此时博弈双方选择“不协同”策略的净收益均大于其选择“协同”策略的净收益。所以此时决定博弈双方选择某种策略的关键在于选择“协同”策略获得的奖励能够弥补其协同净收益与“搭便车”净收益之间的差额，对差额大小起决定作用的是协同收益分配比率。

表 5-8　情形四条件下演化博弈局部稳定性分析

Tab. 5-8　Local stability analysis of evolutionary gameunder case four

均衡点	det（J）	tr（J）	稳定性
（0，0）	+	+	不稳定
（0，1）	+	−	稳定
（1，0）	+	−	稳定
（1，1）	−	+	不稳定
$(\frac{C_2-M}{qR+D-M}, \frac{C_1-M}{pR+D-M})$	−	0	鞍点

由图 5-6 可知，核工业组织 A 收敛于不同方向的分界线是由不稳定点和鞍点构成的折线 AOD。博弈初始状态在 AOD 的左上方即 AODC 区域时，系统演化将收敛于（不协同，协同）状态，反之当初始状态在 AOD 右下方即 AODB 区域时，系统演化将收敛于（协同，不协同）状态。当其他条件一定的情况下，分界线 AOD 的位置会受到分配比例的影响，当 $p>q$ 时，O 点向 C 点靠近，p 值越大，系统最终收敛于（协同，不协同）的概率越大；反之 p 值越小，系统最终收敛于（不协同，协同）的概率越大。

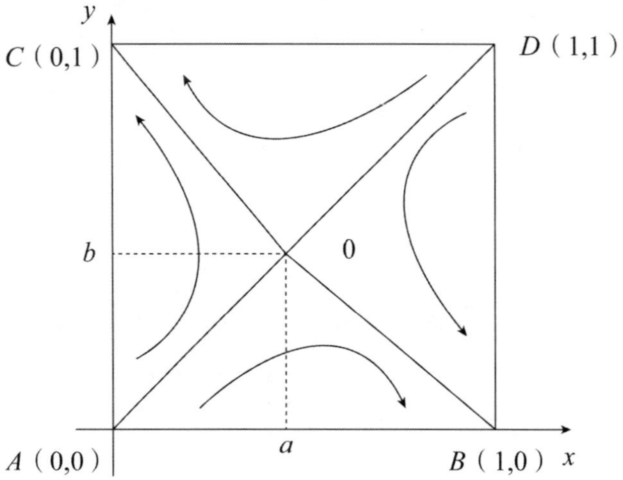

图 5-6　情形四条件下演化博弈均衡点相位图

Fig. 5-6　Phase diagram of equilibrium point in evolutionary gameunder case four

5.1.5　参与协同两种情况分析

根据上述分析过程，参考表 5-3 和图 5-5 和图 5-7，我们可以得到核工业组织 A 和组织 B 通过博弈，选择组织同时参与协同有两种情况：

第一种情况是：在满足 $M>C_1$，$M>C_2$ 第一条件下，同时 $pR-C_1>-D$，$qR-C_2>-D$ 时，协同博弈的稳定点为（1，1）点，说明无论初始位置在哪，核工业组织 A，B 的演化方向都将朝着（协同，协同）收敛。此时，选择“协同”策略获得的奖励大于付出的成本，且如果选择“协同”策略得到的净收益大于选择“不协同”策略获取的净收益。这种情形下，核工业组织双方都会具有很强烈的协同意愿，说明在政策因素在充分发挥作用的情况下，组织间都有强烈的协同意愿，可以做出集体理性的协同选择。正好验证前文通过政策-动力-协同行为-协同绩效的组织间集体理性作用路径的成立。

第二种情况是：当遇到 $M<C_1$，$M<C_2$ 第一条件下，同时 $pR-C_1>-D$，$qR-C_2>-D$ 成立时，系统在“不协同点”和“协同点”达到稳定状态，这种稳定状态也是政策制定者希望的情形，因此需要针对此类情况展开进一步分析，组织间既可能选择协同，也可能选择不协同，即是满足条件的协同。通过求解演化稳定策略的均衡解，从而求解核工业组织之间的心理行为与策略选择并为政策制定者提供依据。经分析，此类情形是现实中的必然结果，也就是存在均衡解，存在最希望的稳定状态。

在政策因素没有充分发挥作用的情况下，表现的是协同奖励小于协同成本即 $M<C_1$，$M<C_2$，否则理性的核工业组织只能选择协同或者合作，竞争的环境已经不存在，不利于核工业组织之间发展的经济属性。同理，当二者都选择协同策略时，可以得到协同剩余即除去基本收益之外的超额收益应该大于不协同行为的惩罚力度，也就是实际中 R_1，$R_2>D$，否则核工业组织双方容易出现合谋或者合并为一家企业，从而不利于竞争，也不具有经济属性。

为促进核工业组织之间选择协同行为，应该保障协同成本小于协同收益和协同奖励，否则理性的核工业组织 A 和核工业组织 B 就不会追求“协同”行为，也就是 $C_2-qR-D<0$，$C_1-pR-D<0$ 都应该得到满足。

由以上分析可得：$pR-C_1>-D>-R_1$，$qR-C_2>-D>-R_2$，即 $E_1=pR-C_1+R_1>0$，$E_2=qR-C_2+R_2>0$，此时核工业组织 A 和核工业组织 B 的期望净收益大于零也就是协同期望收益均大于协同成本时。由 $M<C_1$，$M<C_2$ 同时可知 $qR+D-M>0$，$PR+D-M>0$。

综合以上分析，演化相位图如图 5-7 所示，（K1，K2）$=\left(\frac{M-C_2}{M-qR-D},\frac{M-C_1}{M-pR-D}\right)$。

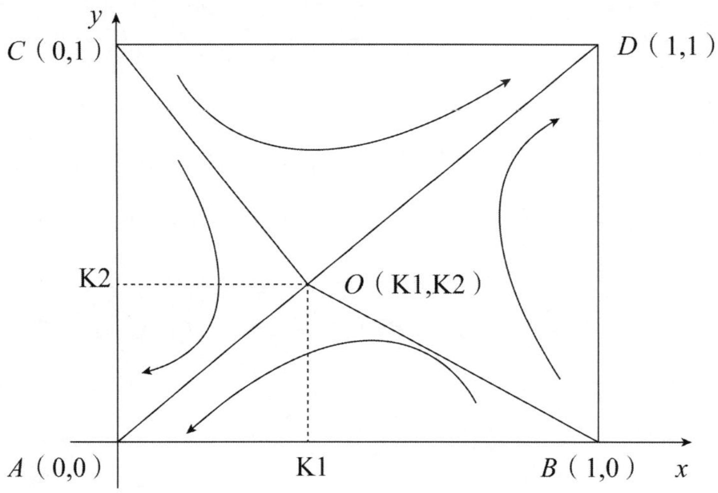

图 5-7　协同双方协同期望收益均大于协同成本时其协同行为演化相位图

Fig. 5-7　Phase diagram of evolution of synergistic behavior when expected synergistic revenue of both synergistic parties is greater than synergistic cost

因此，分析表明组织 A 和组织 B 在选择“协同”策略净收益大于选择“不协同”策略净收益的条件下，系统最终收敛于博弈双方都选择“协同”策略，由此说明，在奖惩机制代表的政策效应没有发挥充分作用情况下，核工业组织个体利益的获得情况将决定组织是否参与协同，在均衡点之上，组织个体理性可能超越集体理性而选择不协同的概率更大；在均衡点之下，组织集体理性可能超越个体理性而选择协同的概率更大，正好验证前文通过政策-动力-平台-分配-协同行为-协同绩效的组织间个体理性作用路径的成立，组织按个体利益进行抉择。

5.1.6　政策作用不充分情况下协同条件分析

我们重点讨论在政策作用不充分情况下临界点附近数据的意义，由图 5-7 可知，协同主体之间实现协同的概率由 ABOC 和 BOCD 的面积决定，如果 $S_{ABOC}>S_{BOCD}$，那么协同主体更倾向去选择“不协同”策略，反之，当 $S_{ABOC}<S_{BOCD}$ 时，协同主体选择“协同”策略的概率大于其选择“不协同”策略的概率。维持核工业组织组织协同的状态，应尽量扩大 BOCD 的面积，其中 $S_{BOCD}=1-\frac{1}{2}\left[\frac{M-C_2}{M-qR-D},\frac{M-C_1}{M-pR-D}\right]$，根据上述研究，可以得到以下结论：

条件 1　主体参与协同的前提是协同收益大于协同成本

由表 5-3 的局部稳定性分析和图 5-7 的相位图分析可以看到，当博弈双方协同期望收益小于其要付出协同成本时，双方最终都会选择“不协同”策略。对 S_{BOCD} 分别对协同收益 R、协同交易成本 C_1 和 C_2 的偏导数可得：

$$\frac{\partial S_{BOCD}}{\partial R}=\frac{1}{2}\left\{\frac{(C_2\text{-}M)q}{(qR+D\text{-}M)^2}+\frac{(C_2\text{-}M)p}{(PR+D\text{-}M)^2}\right\}^2>0$$

$$\frac{\partial S_{BOCD}}{\partial C_1}<0\ ,\quad \frac{\partial S_{BOCD}}{\partial C_2}=<0$$

因此，S_{BOCD} 是 R 的单调增函数，是 C_1、C_2 的单调减函数。当 R 逐渐增大时，系统会朝着“协同”的方向演化，即，协同收益越高，协同主体双方选择“协同”策略的概率越大；S_{BOCD} 随着协同成本的增加而逐渐减小，致使系统朝着“不协同”演化概率增大。即协同主体选择“协同”策略的概率会随着协同收益的增加而增大，随着协同成本的增加而减小。

条件 2　主体之间的信任程度会影响协同主体的策略选择

在前面假设的基础上，如果增加假设 7，即组织协同构成的基础和前提是创新主体之间的互信、平台、沟通等机制，实现组织协同的目标，假设核工业组织 A 对核工业组织 B 的互信等机制水平为 T_1，核工业组织 B 对核工业组织 A 的互信等机制水平系数为 T_2。此时表

5-1 变为表 5-9。

表 5-9 核工业组织协同博弈收益矩阵

Tab. 5-9 Revenue Matrix of Collaborative Game for Nuclear Industry Organizations

		核工业组织 2	
		协同（y）	不协同（$1-y$）
核工业组织 1	协同（x）	$R_1+T_1pR-C_1$，$R_2+T_2qR-C_2$	R_1+M-C_1，R_2-D
	不协同（$1-x$）	R_1-D，R_2+M-C_2	R_1，R_2

此时的期望收益和复制动态方程都发生改变，计算步骤略。此时（K1，K2）$=(\frac{C_2-M}{T_1qR+D-M},\frac{C_1-M}{T_2pR+D-M})$，以下证明协同主体选择协同的概率会随着对对方的信任程度的增加而增大。对 S_{BOCD} 分别求 T_1 和 T_2 的偏导数：

$$\frac{\partial S_{BOCD}}{\partial T_1}=\frac{1}{2}\frac{(C_2\text{-}M)qR}{(T_1qR+D-M)^2}>0$$

$$\frac{\partial S_{BOCD}}{\partial T_2}=\frac{1}{2}\frac{(C_2-M)PR}{(T_2PR+D-M)^2}\Bigg\}>0$$

由此可见，S_{BOCD} 是 T_1、T_2 的单调增函数，S_{BOCD} 会随着协同主体间的信任系数的增大而增大，因此，提高协同主体间的信任水平系数，将彼此之间的弱联结转换为强联结，可以促使系统朝着协同方向演化。即：协同主体双方选择“协同”策略的概率会随着彼此间信任程度的增加而增大。

条件 3　对不协同行为的奖惩会影响整体协同状态的实现

加大对不协同行为的惩罚力度、降低“搭便车”的收益、提高对选择“协同”策略的协同主体的奖励都会促使系统朝着协同方向演化。对 S_{BOCD} 分别对变量 D（罚金）、M（奖励），求偏导数可得：

$$\frac{\partial S_{\mathrm{BOCD}}}{\partial D}=\frac{1}{2}\left\{\frac{(C_2-M)}{(qR+D-M)^2}+\frac{(C_2-M)}{(PR+D-M)^2}\right\}>0$$

$$\frac{\partial S_{\mathrm{BOCD}}}{\partial M}=\frac{1}{2}\left\{\frac{C_2-qR-D}{(qR+D-M)^2}+\frac{C_1-pR-D}{(PR+D-M)^2}\right\}$$

由假设 6 的条件可知：

$$\frac{\partial S_{\mathrm{BOCD}}}{\partial M}<0$$

由此可见，S_{BOCD} 是变量 D 的单调增函数，意味着随着变量 D 的增大 BOCD 的面积在增大，即系统向着协同演化的概率增大；随着变量 M 的增大，BOCD 面积在减小，即系统向协同演化的概率在降低。因此，当协同主体有一方选择“搭便车”行为时，增大处罚力度、降低“搭便车”收益、提高对单方选择“协同”策略主体的收益都可以提高协同主体的协同意愿，进而促使系统向协同方向演化。

条件 4　合理的分配方式可以促使各主体选择“协同”策略的概率最大

假设其他因素固定不变的情况下，对协同收益的分配系数 p 进行分析，对 S_{BOCD} 求 p 的二阶偏导可以得到：

$$\frac{\partial S_{\mathrm{BOCD}}}{\partial p}=-\frac{R}{2}\left\{\frac{(C_2-M)}{(qR+D-M)^2}-\frac{(C_1-M)}{(PR+D-M)^2}\right\},$$

$$\frac{\partial}{\partial p}\left(\frac{\partial S_{\mathrm{BOCD}}}{\partial p}\right)=-R^2\ (\left\{\frac{(C_2-M)}{(qR+D-M)^3}+\frac{(C_1-M)}{(PR+D-M)^3}\right\}<0$$

由 $\frac{\partial}{\partial p}\left(\frac{\partial S_{\mathrm{BOCD}}}{\partial p}\right)<0$ 可知，S_{BOCD} 存在极大值，令 $\frac{\partial S_{\mathrm{BOCD}}}{\partial p}=0$，即 $\frac{(C_2-M)}{(qR+D-M)^2}=\frac{(C_1-M)}{(PR+D-M)^2}$ 为可得取得极大值时的条件，此时协同主体双方都选择“协同”策略的概率最大。因此，在其他因素固定不变的前提下，存在最佳的分配系数可以促使协同主体选择“协同”策略的概率最大。

5.1.7 研究结论

因此，通过演化博弈方法对核工业组织间组织协同行为进行分析得到如下结论：

核工业组织A和组织B通过博弈，验证了两条作用路径，选择组织同时参与协同有两种情况为：在政策因素充分发挥作用的情况下，组织间都有强烈的协同意愿，可以做出集体理性的协同选择。在奖惩机制代表的政策效应没有发挥充分作用情况下，核工业组织个体利益的获得情况将决定组织是否参与协同，目标点在均衡点之上，组织个体理性可能超越集体理性而选择不协同的概率更大；目标点在均衡点之下，组织集体理性可能超越个体理性而选择协同的概率更大。

在激励机制代表的政策效应没有发挥充分作用情况下：

(1) 主体参与协同的前提是协同收益大于协同成本。核工业组织选择“协同”策略的概率会随着协同收益的增加而增大，随着协同成本的增加而减小，体现了以协同收益为代表的动力对协同行为调节非常重要。

(2) 主体之间的信任程度会影响协同主体的策略选择。提高核工业组织间的信任水平，将彼此之间的弱联结转换为强联结，可以促使系统朝着协同方向演化。即：核工业组织间选择“协同”策略的概率会随着彼此间信任程度的增加而增大。体现了以信任为代表的平台机制对协同行为调节非常重要。

(3) 对不协同行为的奖惩会影响整体协同状态的实现。当核工业组织有一方不协同行为时，增大处罚力度、提高对单方选择“协同”策略主体的收益都可以提高协同主体的协同意愿，进而促使系统向协同方向演化。体现了以奖惩为代表的政策对协同行为调节非常重要。

(4) 合理的分配方式可以促使各主体选择“协同”策略的概率最大。在其他因素固定不变的前提下，存在最佳的分配系数可以促使协同主体选择“协同”策略的概率最大。体现了以分配方案为代表的分配对协同行为调节非常重要。

由以上分析可以表明，当核工业承担有关国家安全的重要任务时，政策的执行必须得到充分保障落实，以实现社会属性。对于承担体现经济属性的任务时，组织间应在技术标准化规制下，通过合理有效竞争体现个体理性并促进产业发展。

5.2　基于“四因素两阶段”模型的协同治理

5.2.1　基于政策的协同治理对策

结合演化博弈的分析结果，政策因素将是影响核工业组织协同的第一因素。根据核工业特有的产业特性，社会属性是核工业的第一属性，那就决定了核工业在治理策略上将与其他产业有着比较大的区别。要使核工业产业组织充分发挥其社会属性，组织间就需要实现协同，政策的合理保障，让核工业组织不会因为局部的经济利益而产生不协同，进而影响社会属性的发挥。

奖惩是政策因素的一个代表性的表现，再宏观一点看待奖惩，实质上就是关于核工业这样具有社会属性的产业，并不是让核工业组织按照市场机制自由竞争似的发展，而是国家要发挥政策的引导作用，明确对于核工业这样的具有社会属性的产业，国家要消除相关企业对生存的顾虑，否则相关企业只能从个体理性角度去考虑首先解决生存的问题。政策制定要遵照国家利益至上原则，有关社会属性任务加强保障，限制相关准入，通过政策指引发挥好政府与市场的作用，有关经济属性体现方面合理布局与适度分工，既充分发挥集体理性和产业的社会属性，又让核工业组织产生适度竞争，加强活力，经济属性的发挥也是有利于提升产业能力，更好发挥社会属性。

政策的加强措施就是明晰发展的国家规划，将积极有序发展的规划落实到年度工作计划之中，核工业组织面对国家发展的需求，指定组织协同发展的策略，与其他核工业组织签订合作协议，通过政策促使组织间组成协同工作组织，这就是政策因素促进协同治理核心意义所在。

对不协同行为的奖惩会影响整体协同状态的实现。政策对于协同的作用是促进协同的产生。政府监管和政府协调机制有利于国家重大项目的实施和顺利完成，也就是要重视政策治理机制的“垂直治理效果”，对于不协同的行为一经发现务必及时惩罚，避免损害国家利益的情况出现。

5.2.2 基于动力的协同治理对策

结合演化博弈的分析结果，在政策因素不够强大时，核工业组织选择“协同”策略的概率会随着协同收益的增加而增大，随着协同成本的增加而减小，增加协同收益、减小协同成本就是组织治理的目标。

协同收益既可以是当前的，也可以是长远的，可以是狭义的，也可以是广义的。站在组织个体角度，可能更加重视当前的收益；站在国家战略产业发展角度，应该更加重视国家发展的需要及国家利益的需要；站在国家角度，应该让产业发展既符合产业发展的客观规律，又能够满足国家发展的需要，同时也要照顾到核工业组织个体的生存和发展。在共同收益增加的愿景下，增加协同效应，减小协同成本，就能实现协同治理的目标。

随着“碳达峰”及“碳中和”目标的提出，“在确保安全的条件下积极有序发展核电”成为国家发展核电的指导思想，按照前文预计，每年将会有 6～8 台机组开工建设，在“十四五”期间 30～40 台的核电站建设规模使核工业组织间技术标准化更具价值，技术标准的统一、核电经济性的提升，是核工业组织经济效益提升、为企业创造更多的收益。面对足够可观的建设数量，动力的加强措施就是通过形势的分析，竞争态势的研判，让各核电集团进一步认识到技术标准化的好处，通过工程经济分析，计算出技术优化可以节省一部分的工程费用，并且参考法国、韩国的工程建设经验，通过批量化、规模化建设又可以节省相当一部分的工程费用，充分体现出技术标准化给核电建设方带来的经济效益的好处，从而增加核工业组织间协同的动力。

另一方面，技术标准化本身也是一个动态更新、技术叠加的一个过程。通过面向技术标准化的组织协同，在 3～5 年时间里，可以对标准化技术进行一次升版，升版的原则就是自主化、先进性、经济性，各核电集团可以在某一领域提出自己的更新技术，整体技术的采标程度统一统计并进行计算，在统一的技术标准里占据更大份额，更大程度体现组织的技术优势，就能够在统一的技术标准形成成果中占据有利地位，从而在分配过程中获取更大收益，就是组织进行组织协同动力之源。各核电组织就可以通过固定周期的技术改进及提升，获得更多的技术话语权，暂时的丢失话语权也不意味着永远丢失话语权，给各集团更加重视技术改进与创新增加更多的动力，产业内部也可以形成适度的竞争，有利于产业健康发展，技术的进步。

5.2.3　基于平台的协同治理对策

结合演化博弈的分析结果，在政策因素不够强大时，提高核工业组织间的信任水平，将彼此之间的弱联结转换为强联结，可以促使系统朝着协同方向演化，核工业组织间选择“协同”策略的概率会随着彼此间信任程度的增加而增大。体现了以信任为代表的机制对协同行为演化非常重要，信任的增加促进协同的形成。信任机制一方面可以对政策、分配等策略起到辅助补充作用，另一方面可以通过建立良好的信任机制促进其他机制的实施。

因此，核工业组织间的信任水平的建立和提升就是促进平台因素发挥积极作用的手段。通过共同对于双方协议的遵守、共同对面向技术标准化的核工业产业内涵及特征认识的深刻，并伴随合理政策的实行，核工业组织对于生存没有受到威胁的时候，核工业组织间的信任会逐渐建立并良好发展，进而促进核工业组织间组织协同的形成。

在个体理性作用路径阶段，平台的主要作用进一步凸显，组织间的协同就是通过平台来进行中介。平台的加强措施就是组织间形成协同工作的机制，成为面向技术标准化的技术交流载体，技术交流、技术交易的最重要场所，各方技术通过交流沟通为更多人了解、接受，进而促进技术标准化的进程。通过沟通增进了解、加强信任、促进交流、形成合力，就实现了组织协同行为，产生协同绩效。

在技术标准化过程中，平台起的作用就类似技术交易的市场，在技术交易市场里，技术需求方可以在平台上进行技术交易，获取经济效益。在技术创新过程之中，技术提供方可以把技术拿到平台上进行展示与交易，技术需求方可以对技术提出要求与指标，各方在平台上各取所需，平台促进技术的创新与优化，最终获益的是参与共享创新的各核电企业，技术标准化的进程因此而提升速度，最后获益的是各核电集团及国家。

5.2.4 基于分配的协同治理对策

结合演化博弈的分析结果，在政策因素不够强大时，合理的分配方式可以促使各主体选择“协同”策略，说明了以分配方案为主要内容的分配因素对协同的形成非常重要。对于面向技术融合的核工业组织间协同，要做好分配因素的治理，首先要清楚核工业组织间协同的成果就是形成统一的技术标准，用于后期批量化建设，提高产业竞争力，提升组织经济效益，通过对收益的合理分配，进一步提高组织协同的动力。

要做好利益的分配，首先是明确组织各成员的贡献程度。由上述研究可知，合理的分配对于企业选择个体理性和集体理性的行为非常重要，但合理的分配需要明确企业成员在组织协同过程中的贡献。假如成员在合作过程中资源类投入、协同能力的贡献相对清晰，此时分配就相对公平，那么就会减弱出现机会主义行为，囚徒困境的局面就会被打破，因而核工业组织垄断组织成员的贡献测量极其重要和必要。

其次是相关协议及合约的保护。核工业组织间组织成员按照契约协议进行协调、促进合作，最终按照契约进行分配，一旦合作过程出现机会主义的行为，那么就可以借助相关协议及合约途径、甚至法律途径解决。

再次是塑造具有集体理性的组织。基于集体理性的个体组织，即为了国家利益而自愿牺牲个体利益，这就对组织个体提出了更高的要求—以道德观义务论支配行为。在组织个体利益与国家利益的个体理性与集体理性之间，根据产业发展情况做出合理选择。

最后是形成监督机制，保障按协议执行。

5.3　产业不同发展阶段的理性条件选择

由于集体理性和个体理性存在相悖或者冲突，那么在具有社会属性的核工业产业在的不同发展阶段，应该选择满足什么类型的治理理性条件，如何协调个体理性与集体理性的冲突并保障理性条件的实现，为本节研究的内容。

在西方经济学人性假定下的理论思想是，不能激励个人物质利益的集体制度安排都是低效率的。在个人和集体关系上，一种更为一般化的关系是个体与整体的关系。整体是由个体和关系共同构成的，而关系的形成、拆解、解体则是在一定的时间内的一个复杂过程。整体不是个体的简单加总，生命周期不同，个体组合成整体的偶然性、长期性和不可人为复制性都影响整体的形成。组织的存在是为了增进成员的利益，然而个体的理性行为往往无法产生集体或社会理性的结果。个体行为最大化并不能确保集体行动利益最大化，集体行动的利益通常并不是“各尽所能”的结果。奥尔森认为，行动主体成本-收益的动态计算，才是个体参与集体行动的核心要素。

按照产业生命周期理论，产业的生命周期分为初创期、成长期、成熟期和衰退期，具有社会属性的核工业产业也有近似的成长阶段，对于产业周期的不同阶段发展，产业组织的发展任务也是应该有所差别的，如表 5-10 和图 5-8 所示。按照奥尔森教授的观点，集体利益也是分为相容性（inclusive）和排他性（exclusive），用博弈的论的说法就是正和博弈及零和博弈。产业集团也会根据排他性利益属性处理“分蛋糕”的问题，集团之间固然希望分利者越少越好，或是根据相容性利益属性处理“做蛋糕”的问题，集团之间参与做蛋糕的越多越好。

在市场条件下，“集体物品”——更高的价格——意味着如果一家企业的售价高于那一价格，其他企业的售价就必须低于那一价格，这样“集体物品”提供的收益在供给中是固定的；但在非市场条件下，集体物品带来的收益在供给中并不固定。在任何一个给定市场中只能靠售出一定量的产品才能使价格不致降低，但是，任意数量的人可以加入一个游说组织并不一定会减少其他人的收益。通常在市场条件下，一家企业获得的，另一企业就不能得到；在非市场条件下，一个人消费的，另一个人基本上也能享受。在市场条件下，如果一家企业繁荣了，它会成为更可怕的对手；但在非市场条件下，如果集团中的一个成员繁荣了，他很可能会受到激励负担更大一部分集体物品的成本。一个集团的行为是排他还是相容，取决于集团寻求的目标本质，而不是成员的性质，因为许多企业既在市场里通过限制产量来提高价格，同时也在政治和社会系统中增进其共同利益。

由表 5-10 可见，产业不同成长阶段的主要任务决定了不同的治理重点，因此基于具有社会属性的核工业产业的整个生命周期划分，在产业生命周期不同阶段的特征和演化，从整体机理上研究核工业产业组织的初创、成长、成熟、衰退的全过程，从而提前构建具有社会属性核工业产业组织治理的策略。

表 5-10　具有社会属性产业的生命周期各个阶段的任务

Tab. 5-10　Tasks at various stages of the life cycle of industries with social attributes

阶段	初创期			成长期			成熟期			衰退期		
任务	国家需要或目标选择	自身能力的鉴别	消化吸收的参考	关系的协调	冲突的化解	资源的整合	协同收益的分配	成员的再选择与淘汰	一体化运行	运行终止	技术换代	新产业孕育

（1）在初创期，产业组织发展积极争取外部资源，开始与各类核工业组织联系，相互之间形成组织关系，但这个时期的企业数量少、合作深度浅，也主要在于这个阶段还未形成有效的协同，理性条件都比较弱，因而为保障产业的组建成功，治理的重点在于集体理性条件的满足，同时努力保障个体理性，在此阶段促进产业组织成员之间信息的共享和反馈，并通过提升动力满足国家需要，主要满足集体理性。

（2）在成长期，产业在一定范围内具有很强的发展速度，但核工业组织间协同能力较弱，企业收益增长较快，但效率不高的阶段。在这个阶段，各企业快速发展，知识产权产出增多，分工的专业化和竞争领域的出现导致产业产生竞争日趋激烈，产品种类层出不穷，但企业效益增长速率不高，此阶段要注意组织间的沟通、增加信任、保护好知识产权、形成特有技术实力，在体现个体理性下不能违背集体理性。

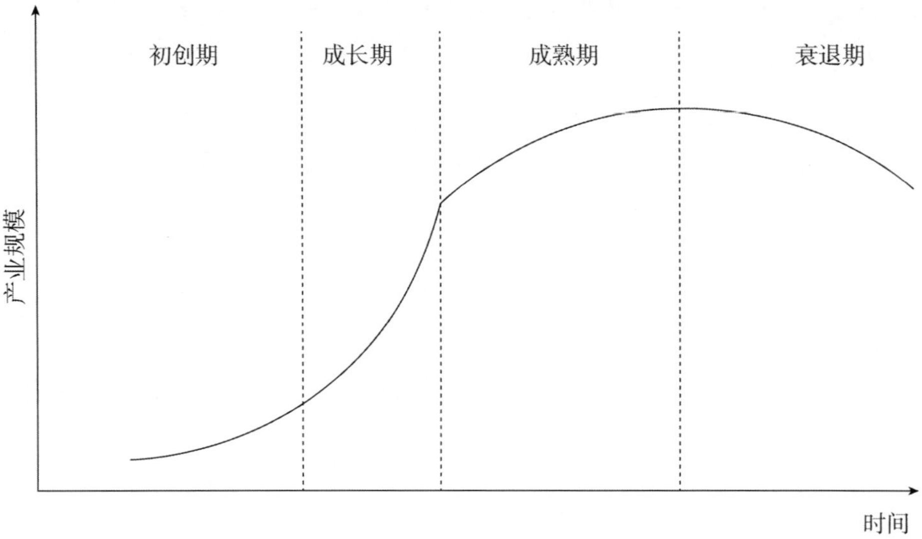

图 5-8　产业生命周期发展示意图

Fig 5-8　Diagram of industrial life cycle development

(3) 在成熟期，产业具有较强的资源吸收能力、资源整合能力，协同能力较强，企业收益增长较快的阶段，产业的知识共享、技术创新是此阶段的关键问题，也是突破产业成长期到成熟期的关键，否则容易导致产业的衰退。在此阶段，重要的是要保护好知识产权，利用好组织间技术交流的平台，形成良好沟通机制，建立协同收益分配机制，组织间面向技术标准的统一形成组织协同收益分配机制，保障利益合理分配，形成信任的良性循环，与从事核工业的产业集团一起"做大蛋糕"，形成产业规模优势，促使产业积极健康发展。在此阶段具有社会属性的产业发展思路要遵循国家战略，在满足集体理性的条件下体现个体理性。

(4) 在衰退期，产业组织不同阶段都存在合作与竞争，随着产业历史使命的趋向终结，可能导致产业组织的衰退或者解体，当然也为形成新的产业组织创造可能。在新的社会、经济环境条件下，新技术、新材料、新业态、新管理和新模式的出现，使得产业组织能够实现颠覆式创新或者转型升级，在此阶段，产业组织能够自我进行调整或者重新组建，因而此阶段组织还要为生存考虑，个体理性就是要追求效益与发展，旧阶段的结束是为了新阶段的开始，主要考虑满足组织本身生存的要求，主要考虑体现个体理性兼顾集体理性。

以上分析结果，如表 5-11 所示。

表 5-11　产业组织不同发展阶段的治理

Tab. 5-11　Networks organize governance at different stages of development

发展阶段	治理的理性选择
初创期	主要考虑满足集体理性
成长期	满足个体理性下不违背集体理性
成熟期	集体理性前提下满足个体理性
衰退期	主要考虑满足个体理性兼顾集体理性

5.4　本章小结

前文得到了“四因素两阶段”的作用机理和作用路径。本章通过演化博弈方法对核工业组织间组织协同行为进行分析得到以下结论：

核工业组织 A 和组织 B 通过博弈，验证了两条作用路径，选择组织同时参与协同有两种情况：在政策因素充分发挥作用的情况下，组织间都有强烈的协同意愿，可以做出集体理性的协同选择。验证前文通过政策-动力-协同行为-协同绩效的组织间集体理性作用路径。

在奖惩机制代表的政策效应没有发挥充分作用情况下，核工业组织个体利益的获得情况将决定组织是否参与协同，在均衡点之上，组织个体理性可能超越集体理性而选择不协同的概率更大；在均衡点之下，组织集体理性可能超越个体理性而选择协同的概率更大。验证前文通过政策-动力-平台-分配-协同行为-协同绩效的组织间第二条作用路径，即个体理性作用路径。

在奖惩机制代表的政策效应没有充分发挥作用情况下：

（1）主体参与协同的前提是协同收益大于协同成本。核工业组织选择“协同”策略的概率会随着协同收益的增加而增大，随着协同成本的增加而减小，体现了以协同收益为代表的动力对协同行为调节非常重要。

（2）主体之间的信任程度会影响协同主体的策略选择。提高核工业组织间的信任水平，将彼此之间的弱联结转换为强联结，可以促使系统朝着协同方向演化。即：核工业组织间选择“协同”策略的概率会随着彼此间信任程度的增加而增大。体现了以信任为代表的平台机制对协同行为调节非常重要。

（3）对不协同行为的奖惩会影响整体协同状态的实现。当核工业组织有一方选择不协同行为时，增大处罚力度、提高对单方选择“协同”策略主体的收益都可以提高协同主体的协同意愿，进而促使系统向协同方向演化。体现了以奖惩为代表的政策对协同行为调节非常重要。

（4）合理的分配方式（系数）可以促使各主体选择“协同”策略的概率最大。在其他因素固定不变的前提下，存在最佳的分配系数可以促使协同主体选择“协同”策略的概率最大。体现了以分配方案为代表的分配对协同行为调节非常重要。

以上分析可以表明，当核工业承担有关国家安全的重要任务时，政策的执行必须得到充分保障落实，以实现社会属性。对于承担体现经济属性的任务时，组织间应在技术标准化规制下，通过合理有效竞争体现个体理性并促进产业发展。随后，针对动力、政策、平台、分配协同治理提出了相关措施：

（1）结合演化博弈的分析结果，政策因素将是影响核工业组织协同的第一因素。明确对于核工业这样的具有社会属性的产业，国家要消除相关企业对生存的顾虑，否则相关企业只能从个体理性角度去考虑首先解决生存的问题。政策制定要遵照国家利益至上原则，有关社会属性任务加强保障，限制相关准入，通过政策指引发挥好政府与市场的作用，有关经济属性体现方面合理布局与适度分工，既充分发挥集体理性和产业的社会属性，又让核工业组织产生适度竞争，加强活力，经济属性的发挥也是有利于提升产业能力，以利于更好发挥社会属性。

（2）在政策因素不够强大时，核工业组织选择“协同”策略的概率会随着协同收益的增加而增大，随着协同成本的增加而减小，增加协同收益、减小协同成本就是组织治理的目标。

（3）核工业组织间的信任水平的建立和提升就是促进平台因素发挥积极作用的手段。平台的加强措施就是组织间形成协同工作的机制，成为面向技术标准化的技术交流载体，技术交流、技术交易的最重要场所，各方技术通过交流沟通为更多人了解、接受，进而促进技术标准化的进程，通过沟通增进了解、加强信任、促进交流、形成合力，就实现了组织协同行为，产生协同绩效。

（4）要做好利益的分配，首先是明确组织各成员的贡献程度，其次是相关协议及合约的保护；再次是塑造具有集体理性的组织；最后是形成监督机制，保障按协议执行。

（5）塑造具有集体理性的组织。基于集体理性的个体组织，在组织个体利益与国家利益的个体理性与集体理性之间，根据产业发展情况做出合理选择。有一定历史积累、具有一定产业链优势的核工业组织要有接纳新兴核工业组织的胸怀，新兴核工业组织也要对具有历史积淀的核工业组织体现足够的尊重，共同为了产业健康发展与国家利益不断发展创新。产业生命周期不同发展阶段集体理性与个体理性治理存在差异性：在初创期，主要考虑满足集体理性；在成长期，要体现个体理性下不违背集体理性；在成熟期，集体理性前提下体现个体理性；在衰退期，主要考虑体现个体理性兼顾集体理性。

第 6 章　基于“华龙一号”技术标准化的组织协同治理案例分析

“华龙一号”是中国拥有完整自主知识产权的具备三代标准的核电技术，是由中国两大核电企业中国核工业集团公司和中国广核集团在 30 余年核电科研、设计、制造、建设和运行经验的基础上，研发的先进百万千瓦级压水堆核电技术。两大核电集团针对“华龙一号”签署技术融合协议进行技术融合，需要说明的是这里提出的技术融合不是跨领域的不同技术的融合，实际上是同领域相似技术的标准化，技术融合的目的就是实现技术标准化，从而构建自主标准体系，实现“走出去”参与国际竞争，提升产业竞争力。因此，我们将“华龙一号”技术融合过程视为核工业组织间技术标准化的过程，借助技术标准化的过程，分析和验证前文的理论成果、为实现组织协同关系治理提出相应策略。

6.1　理论预设及案例选择

6.1.1　理论预设

根据前文研究成果，基于面向技术标准化的我国核工业组织间协同“四因素两阶段”理论模型，核工业组织间组织协同影响因素的作用机理及作用路径，通过演化博弈方法对核工业组织间组织协同行为进行分析，拟在案例研究中验证以下假设：

假设1：技术标准化过程符合“四因素两阶段”理论模型要求；

假设2：技术标准化过程作用路径符合个体理性或集体理性作用路径；

假设3：在政策作用下，中国核工业组织间组织协同绩效明显提升；

假设4：组织间协同动力随着协同收益的增加而增大，随着协同成本的增加而减小；

假设5：平台的存在，也不一定能促成协同行为或者产生协同行为，信任是平台充分发挥作用的基础；

假设6：分配影响组织参与合作的积极性，也会影响组织协同的动力和整体绩效。

6.1.2 案例选择

“华龙一号”的技术融合正好是中国核工业两大具有代表性的企业集团组织间进行技术标准化的实践过程，将其选择作为实际案例的分析符合研究的要求。具体情况介绍如下：

“华龙一号”技术是由中国两大核电企业中国核工业集团公司和中国广核集团在30余年核电科研、设计、制造、建设和运行经验的基础上，根据福岛核事故经验反馈以及中国和全球最新安全要求，研发的先进百万千瓦级压水堆核电技术，具有完全自主知识产权的三代压水堆核电创新成果，是中国核电走向世界的“国家名片”，是中国核电创新发展的重大标志性成果。

为满足我国核电“走出去”战略和自身发展需要，2013年4月25日，中国国家能源局主持召开了自主创新三代核电技术合作协调会，中核和中广核同意在前期两集团分别研发的ACP1000和ACPR1000＋的基础上，联合开发“华龙一号”。2014年8月22日，“华龙一号”

总体技术方案通过国家能源局和国家核安全局联合组织的专家评审。专家组一致认为，“华龙一号”成熟性、安全性和经济性满足三代核电技术要求，设计技术、设备制造和运行维护技术等领域的核心技术具有自主知识产权，是目前国内可以自主出口的核电机型，建议尽快启动示范工程。为此，两集团签署《关于自主三代百万千瓦核电技术“华龙一号”技术融合的协议》。目前，中国已同意依托中核福清 5、6 号机组和中广核防城港核电站 3、4 号机组建设“华龙一号”国内示范项目。2020 年 11 月 27 日，华龙一号全球首堆：中核集团福清核电 5 号机组首次并网成功 。2021 年 1 月 30 日，全球第一台“华龙一号”核电机组——中核集团福建福清核电 5 号机组投入商业运行；5 月 20 日，“华龙一号”海外首堆 K2 机组实现商业运行；国内漳州、惠州、海南、三澳采用“华龙一号”技术的核电项目陆续开工，可以说“华龙一号”技术的标准化推动了中国核电产业的新发展，本章以“华龙一号”技术标准化作为中国核工业组织协同案例研究是合适的。

6.2 “华龙一号”技术标准化研究

6.2.1 “华龙一号”技术标准化历程

中核集团 ACP1000 型号研发启动于 1999 年 7 月，当时名称为 CNP1000，中核集团自筹资金投入自主研发百万千万机组，2001 年 3 月完成 CNP1000 标准设计方案，2010 年 4 月，更名为 CP1000 方案，并通过中国核能行业协会专家审查，2012 年 3 月，充分考虑福岛事故改进项，从而形成 ACP1000 设计方案，并通过国家核安全局评审。ACP1000 型号为单堆布置，堆芯采用 177 组燃料组件、双层安全壳、按照核安全纵深防御设计原则和设计可靠性原则，采用能动与非能动相结合的安全设计理念，能动与非能动系统充分结合，丰富手段满足安全要求。

中国广核集团 ACPR1000+型号从 2005 年就开始进行技术攻关，2009 年 4 月中广核集团正式启动 ACPR1000+型号研发，2012 年 6 月完成方案设计，11 月通过国家核安全局评审。ACP1000+型号采用单堆布置、157 组燃料组件，双层安全壳、三个能动安全系列、采用自主产权数字化仪控的和睦系统。

两个型号都满足国家安全局三代核电相关安全要求，两大集团也分别以两个型号开展国际市场开发，在国际市场开拓方面都取得了良好业绩，有些国家也利用两大集团型号的差异促成国际市场上的竞争。

我国自主知识产权"华龙一号"的研发之路其实并不平坦。2006 年，美国西屋公司研发的 AP1000 被确定为我国三代核电技术的主力堆型，2007 年国家成立国家核电技术公司执行 AP1000 型号引进消化吸收工作，我国首台 AP1000 机组于 2009 年开始了首堆的建设。AP1000 技术采用全非能动安全技术，理念先进、系统简单，但由于成套设备、研发设计的成熟度不够，导致 AP1000 机型首堆工程工期进展受阻，这才在原定统一建设 AP1000 机型的计划中打开了"华龙一号"建设的时间窗口。国际关系纷繁复杂、国际竞争日趋激烈，然而关键核心技术及关键核心能力是要不来、买不来、讨不来的。在与国家经济安全、国防安全和能源安全等核心领域，关键核心技术必须要掌握在自己手中才能确保安全。

在 AP1000 落地之前，中核集团与中广核集团在建二代改进型机型即将退出市场，就在这样困难的条件下，中国核工业研发设计人员在集团自筹经费的条件下，在中国核工业在自力更生和引进-消化-吸收国外压水堆技术基础上，以我国 30 年核电站研发、设计、建造、调试、运行全套经验，以及近期核电领域的最新研究成果，加上先进设计理念，历次核电站事故经验反馈，特别是 2011 年福岛核事故经验反馈，分别研发设计出具有三代技术特征的 ACP1000 及 ACPR1000＋型号。

2015 年 1 月 15 日，习近平主席指出，核工业是高科技战略产业，是国家安全重要基石，要坚持安全发展、创新发展，坚持和平利用核能，全面提升核工业的核心竞争力。由于历史原因，我国民用核能走的是独立自主与引进-消化-再创并行的道路，目前呈现三足鼎立的局面。2015 年 5 月 7 日，“华龙一号”全球首堆在福建福清 5 号机组浇下第一罐混凝土；6 月 15 日，李克强总理在中核集团中国核电工程公司考察，向“华龙一号”在京研发团队表示，“你们为我撑腰，我去国际舞台为你们扬名。”总理表示要用通过“华龙一号”这个“国之重器”的工程建设，形成统一的标准、统一的市场，倒逼我国装备制造业产能升级，提升中国核电装备在国际市场竞争力；12 月 24 日，“华龙一号”中广核集团广西防城港 3 号机组正式开工。2017 年国家能源局批准了华龙技术融合方案，两大集团在技术融合方面取得了阶段性成绩，2019 年福建漳州与广东惠州融合后华龙一号机组相继开工，2020 年浙江苍南华龙一号机组开工，技术融合工作向深度融合阶段发展。

技术融合是国家对两大集团提出的要求，国家为了提升产业竞争力，期望通过技术融合实现市场融合，通过市场融合促进产业融合，通过产业融合实现技术标准化，技术的标准化带动产能转型升级，然而技术标准化的道路并不平坦，组织行为与国家政策、市场环境展开了一场博弈。

为提升产业竞争力，国家期望通过技术融合实现市场融合，通过市场融合促进产业融合，通过产业融合实现产能的转型升级，国家要求两大集团统一自主三代核电技术，实现“一个华龙、一面旗帜、统一对外”。2013 年 4 月 25 日，自主创新三代核电技术合作协调会在国家能源局的主持下召开，中核集团和中广核集团计划在 ACP1000 和

ACPR1000+型号的基础合作开发具有同一型号的我国自主三代核电机组——“华龙一号”。国家能源局和国家核安全局联合组织的专家在 2014 年 8 月 22 日评审通过“华龙一号”总体技术方案。专家认为，“华龙一号”在设计技术、设备制造和运行维护技术等领域的核心技术具有自主知识产权，“华龙一号”成熟性、安全性和经济性满足三代核电技术要求，是当时国内具备自主出口条件的核电型号，建议尽快启动示范工程。会后，两大集团签署《关于自主三代百万千瓦核电技术“华龙一号”技术融合的协议》，并同意依托中核福清 5、6 号机组，中广核防城港核电站 3、4 号机组建设作为“华龙一号”国内示范项目，至此，“华龙一号”的落地才具备了政策条件。

2015 年 5 月 7 日，福清核电站 5 号机组作为我国自主三代技术“华龙一号”首堆示范工程首堆，落地福建，正式开工。同年 8 月，“华龙一号”海外首堆巴基斯坦 K2 项目开工建设，“华龙一号”真正实现了“走出去”；12 月 24 日，“华龙一号”中广核集团广西防城港 3 号机组正式开工。海内外“华龙一号”的开工，这标志着中国自主三代核电建设具备了参与国际核电市场竞争的能力，为助力实施“一带一路”倡议增强了国际市场的信心，有利于实施“走出去”战略，有利于国家“三去一降一补”政策实施，并进一步提升装备制造业水平。

与此同时，福清 5、6 号与防城港 3、4 号机组虽然型号名称已从 ACP1000 和 ACPR1000+改为了“华龙一号”，但是实际上还是两种技术型号，两个型号并未完成完全融合，海外推广仍然各自负责，距离“一个华龙，一面旗帜，统一对外”的目标还有差距。

在国家能源局大力支持下，2016 年 1 月，华龙国际核电技术有限公司由中核集团与中国广核集团各出资 50%，双方等股比在北京成立华龙国际的成立是继 2014 年 8 月 22 日签署“华龙一号”技术融合协议之后，中国核工业集团公司和中国广核集团为推动华龙一号实现技术融合，为“华龙一号”融合发展及市场开拓，迈出的实质性的步伐，做出了组织上的调整于尝试。2015 年 12 月 30 日两大股东方签署公司章程[192]和投资协议[193]时，华龙国际核电技术有限公司章程约定，华龙国际成立的初衷就是要积极实施国家核电发展战略，实现“华龙一号”自主三代核电技术持续融合与发展创新；华龙项目核岛可行性研究、初步设计、初步安全分析报告及执照申请；华龙项目技术咨询与技术服务；统一管理并实施华龙技术的品牌及知识产权管理，推动“华龙一号”形成统一技术标准，让华龙技术成为中国核电“走出去”的主力品牌。华龙国际投资协议里还有一条：出资双方不再单独开发新的百万千瓦级压水堆核电机组。应该说，华龙国际的成立体现了国家支持华龙技术、实现技术融合与统一的决心。

在国家能源局的主持下，2016 年 7 月 21 日至 22 日“华龙一号技术高级专家评审会”在北京召开，参加会议的 20 名专家由中核、中广核集团及有关部门推荐并经双方认可，专家组组长由王大中院士担任，专家通过了以安全性、自主知识产权、成熟性、经济性及设备国产化五个方面对方案进行评审的原则，中核集团及中广核集团分别向专家介绍了各自“华龙一号”融合方案，与会专家给出了重要评审意见，专家认为两集团推荐的“华龙一号”技术融合方案吸纳了部分已达成一致意见的成果，但安全系统配置等方面还存在差异；安全性均满足三代核电技术要求；设备国产化率能够达到 85％以上，经济性与国际其他三代核电技术相比具有竞争力；建议进一步创新体制机制，使华龙国际成为技术融合实施主体；部分专家认为同一堆型，采用不同安全系统及相关配置方案，国际上也有先例，有助于更好满足国际国内不同用户的需求。

2017 年 7 月 26 日，华龙国际经进一步技术融合后上报的《“华龙一号”技术融合方案》获国家能源局正式批复，标志着华龙技术融合取得阶段性成果，方案[194]统一了主系统（统一的三环路主系统，反应堆冷却剂系统配置了堆顶排气系统及严重事故专用泄压阀）、主参数和技术标准（NB/T 20187-2012 压水堆核电厂反应堆冷却剂系统设计准则、相关国家及行业标准规范），统一了主要设备技术要求（主设备抗震停堆地震 0.3g；采用“177 堆芯”；反应堆压力容器等重要设备设计寿命 60 年，主要零件整体锻造，整个容器无纵焊缝、高通量区无环焊缝；压力容器采用一体化顶盖、布置 69 组控制棒驱动机构，取消了部分 Ω 焊缝，采用金属保温层；主管道采用 LBB 技术），采用“能动加非能动”理念，将安全系统进行菜单式选项，由业主进行选择，应该说华龙国际技术融合取得阶段性成果。

2017 年 10 月 13 日，国家能源局印发华龙技术管理规定及项目管理规定，明确各方华龙项目管理和技术管理相关责任，华龙国际负责华龙项目核准和建造许可证申请前对申请文件的核岛技术方案进行确认并出具符合性意见，以符合性意见审查的控制来确保后续开工的“华龙一号”项目与华龙国际融合技术一致，符合华龙技术要求。华龙国际负责组织华龙持续创新目标的确定、组织中核集团和中广核集团等单位开展科研攻关、形成提升的华龙技术方案，确定了华龙国际在后续技术创新中的定位。

表 6-1 华龙一号技术融合方案主参数差异对比表

Tab. 6-1 HPR1000 scheme main parameter difference comparison table

指标	单位	福清 5/6 号	防城港 3/4 号	2017 技术融合方案
堆芯额定热功率	MW	3050	3150	3180
NSSS 额定热功率	MW	3060	3160	3190
反应堆冷却剂最佳估算流量	m^3/h	3×23790	3×25450	～3×25000
燃料组件数		177	177	177
堆芯活性区高度	in	12	12	12

续表

指标	单位	福清 5/6 号	防城港 3/4 号	2017 技术融合方案
平均线功率密度（冷态）	W/cm	173.8	179.5	181.2
控制棒组件数		61	68	69
蒸发器换热面积	m^2	6494	9080	～6500
二次侧设计温度	℃	316	303	316
设计寿命	年	60	60	60
换料周期	月	18	18	18
机组额定功率	MW	1161	1180	1200
电厂可利用率	%	≥90	≥90	≥90
安全停堆地震	*g*	0.3	0.3	0.3
电厂布置		单堆	单堆	单堆
电厂运行方式		负荷跟踪	负荷跟踪	负荷跟踪
堆芯损坏频率		$<1\times10^{-6}$	$<1\times10^{-6}$	$<1\times10^{-6}$
大量放射性物质释放致环境概率		$<1\times10^{-7}$	$<1\times10^{-7}$	$<1\times10^{-7}$
操纵员不干预时间	min	30	30	30
运行压力	MPa	15.5	15.5	15.5
设计压力	MPa	17.23	17.23	17.23
反应堆冷却剂系统满功率平均温度	℃	310.0	307.0	310.0
设计温度	℃	343.0	343.0	343.0
焓升因子 F△H		1.60	1.60	1.65
满功率堆芯出口温度（热工设计流量）	℃	330.9	327.7	330.2
热工设计流量（单环路）	m^3/h	22840	24000	24150
主泵扬程	M	95.6	88.2	104.1
稳压器总容积	m^3	51	67	>53

续表

指标	单位	福清 5/6 号	防城港 3/4 号	2017 技术融合方案
主管道内径 （热段、冷段及过渡段）	mm	736.6/698.5/ 787.4	760	760
安全壳自有容积	m^3	～89160	75300	＞75000

6.2.2　“华龙一号”持续改进与创新

“华龙一号”的诞生源于创新，技术融合被视为产业创新和技术创新的重要来源。“华龙一号”后续技术发展与技术创新将主要在标准化、经济性、经验反馈方向进行深度优化。

华龙国际作为技术标准化工作的平台，科研创新从未止步，通过创新提升自身的技术能力与水平，为的是更好地做好技术融合工作，发挥好平台公司的作用。以 2017 年国家能源局批准《“华龙一号”技术融合方案》[194]为技术基础，依托《华龙一号（2020）总体技术方案设想报告》，在 2018、2019 年立项并完成“华龙一号”持续优化与创新科研课题 17 项，旨在总体技术要求、主参数、反应堆、主系统和主设备及其厂房布置的深度标准化，同时努力实施消除安全系统及辅助系统设计选项的不一致项原则，为最终实现统一技术标准的目标更进一步。

华龙技术的深度融合基于已有两大集团工程建设及先进设计经验与设计理念，满足国内最新核安全法规要求和国际、国内最先进的标准要求，提升经济性，依托成熟的装备制造业体系，最先进的设计理念以满足全面参与国内和国际核电市场的竞争要求：

（1）安全性

满足 IAEA 五个层级的纵深防御要求；

足够的设计裕量和冗余性；

完善的严重事故预防和缓解措施；

目标：CDF$<1\times10^{-5}$/（堆·年）；LRF$<1\times10^{-6}$/（堆·年）。

（2）先进性

“177堆芯”＋“能动与非能动相结合”；

福岛核事故最新成果反馈；

数字化仪控系统、LBB技术、堆芯在线监测系统等先进单项技术的应用。

（3）经济性

发电成本与当前国内外主流三代堆型具有竞争力；

上网电价与当前国内脱硫燃煤机组标杆电价相当。

（4）成熟性

设计中采用成熟的设计工具和设计数据库；

基于现有华龙一号技术方案，无需开展重大试验验证。

为实现深度融合目标，华龙国际开展了内部能力提升建设，计划通过自主科研课题研究，为打造《华龙2020深度融合技术方案》[195]提供技术储备与验证相关设计，计划在2020年底为实现华龙技术的深度融合目标进一步消除差异项，发挥好技术平台作用。

华龙2020深度融合方案计划在两个股东方设计院认可的条件下，拟从以下几个方面对华龙一号进行优化创新：

（1）以2017年能源局批准华龙一号技术融合方案为技术基础，在总体技术要求、主参数、反应堆、主系统和主设备及其厂房布置实现深度标准化；

（2）实施进一步消除安全系统及辅助系统设计选项的差别；

（3）以融合通过提高反应堆功率、简化系统设计、厂房结构优化，进一步降低华龙一号工程造价，提升经济性5%以上；

（4）充分考虑示范工程的经验反馈和安全评审和国际认证遗留

问题；

（5）华龙 2020 是在两个股东方设计方案基础上优化的成果，需股东方设计院认可，华龙国际旨在共同携手实现技术融合与统一，发挥好平台公司的作用。

根据国家能源局核电中长期发展规划，2019—2021 年，每年将有 6～8 台核电机组开工，年新增市场空间超过 1200 亿千瓦，自主三代核电融合技术“华龙一号”将是后续开工机组的主要型号。

“华龙一号”示范机组的顺利建设，为后续华龙项目的陆续开工奠定了良好基础。全球首堆福清 5 号机组捷报频传，防城港 3 号机组稳步推进，华龙技术融合取得阶段性成果，有利地促进了采用“华龙一号”融合技术的中核漳州和中广核惠州项目开工。福建漳州核电一期 1 号机组于 2019 年 10 月 16 日实现浇灌第一罐混凝土正式开工，2019 年 12 月 27 日广东惠州核电 1 号机组也相继开工，这次核电项目审批，标志着 2015 年 12 月以来“零审批”时代的终结，国内核电正式重启。采用融合版“华龙一号”技术的华能集团与中核集团共同建设的海南核电项目二期建设，中广核浙江苍南项目都获得核准，“华龙一号”将迎来“小批量”建设时期。

“华龙一号”在海外市场也备受关注，“华龙一号”海外首堆巴基斯坦 K2 项目的顺利推进为华龙技术“走出去”建立了良好示范。“华龙一号”通过了国际原子能机构（IAEA）的安全评估，正接受欧洲核电用户组织（EUR）认证与英国通用设计审查（GDA）认证。中核集团与巴基斯坦的第三台“华龙一号”建设合同已接近签署；中核集团与阿根廷的核电公司签署了重水堆核电厂商务合同、压水堆核电站框架合同，表明中核集团与阿根廷核电公司将合作建设阿根廷第四、五座核电站，“华龙一号”核电技术也将有望落地阿根廷。中广核集团在参股欣克利角 C 项目投资后，计划在通过 GDA 认证后控股 Bradwell B 项目，实施“华龙一号”的建设。沙特、捷克机组正处于投标阶段，巴西、埃及项目已进入实质谈判阶段，肯尼亚、泰国都已签署核电项目合作协议。“一带一路”上的多个国家都对“华龙一号”表现出浓厚兴趣，肯尼亚、印尼、南非、土耳其、哈萨克斯坦等 20 多家对口企业、政府主管部门签署核电合作谅解备忘录或意向书，60 多个国家有合作意愿。

总的来看，一方面由于国内发展对电力的需求持续提升，环境上的节能减排要求，绿色清洁能源将占据越来越重要的地位，核能发电将占据更大的份额；另一方面，随着“华龙一号”首堆福清 5 号项目今年的装料节点的实现，标志着自主技术也是稳妥可靠的，加上新冠疫情对国家经济的影响，需要大项目的投资拉动经济提升，核电无疑是最好的选择，预计“十四五”期间将会有更多的核电项目在国内落地，“华龙一号”将有望占据主力位置，因此，国内市场积极向好。与此同时，由于中美关系的恶化，欧美国家限制中国高科技企业的发展，加上疫情的全球蔓延，对“华龙一号”的海外市场开拓增添了更大难度。国内市场的技术标准化推进项目落地，标准化的成果逐步显现，技术专利就是重要的体现渠道。

6.2.3 “华龙一号”技术专利成果分析

技术融合取得了阶段性成果，组织协同取得了阶段性成绩，对于核电组织间技术话语权的竞争一直非常激烈，专利成果分析可见一斑。“华龙一号”技术融合的目的是推动“华龙一号”形成统一技术标准，让华龙技术成为中国核电“走出去”的主力品牌。技术标准化的形成是首先通过技术创新形成专利，然后再通过专利形成标准。因此，我们可以通过“华龙一号”专利申请的情况，分析“华龙一号”在标准化方面的进展，可以从专利成果分析看出组织间协同的程度。

本书研究的数据主要来自 Incopat 专利数据库。在 Incopat 专利数据库共获得 3773 项与“华龙一号”相关的专利，通过分析专利地图判断创新集中领域，通过专利价值度以度量“华龙一号”创新主体创新能力，为保证数据可靠性，本书同时检索 SIPO 专利数据库，与现有数据一致。

1. 国民经济构成分析

从专利数据公开趋势来看，2013 年开始陆续有了“华龙一号”技术创新相关专利数据，2015 年“华龙一号”正式开工之后，在 2016 年有一个快速的增幅，后续平稳增长。按照国民经济行业分类，“华龙一号”专利申请隶属行业详见图 6-1、表 6-2。

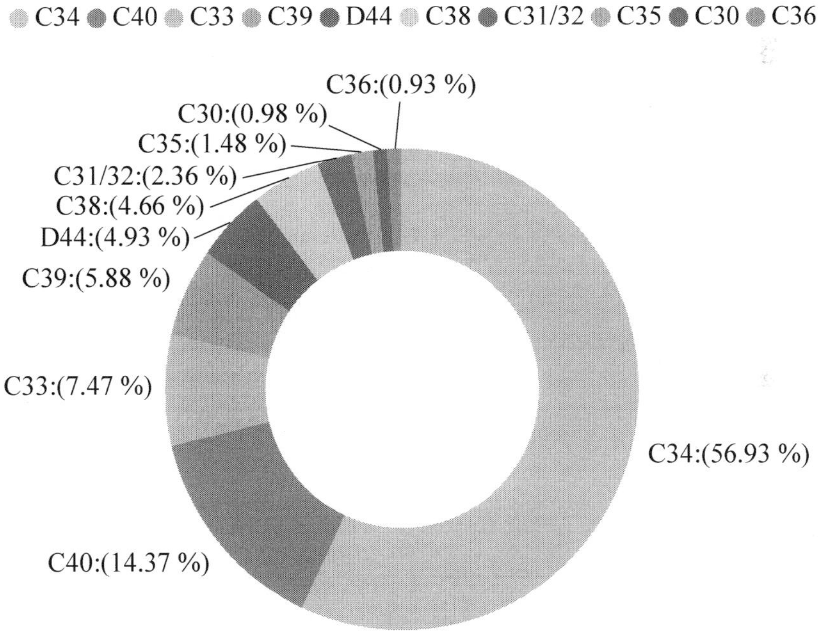

图 6-1　“华龙一号”相关专利隶属行业分析占比图

Fig. 6-1　HPR1000 related patents belong to the industry analysis proportion chart

表 6-2　“华龙一号”相关专利隶属行业分类及数量图

Tab. 6-2　Industry classification and number diagram of related patents of HPR1000

国民经济行业分类	专利数量
C34（通用设备制造业）	2148

续表

国民经济行业分类	专利数量
C40（仪器仪表制造业）	542
C33（金属制品业）	282
C39（计算机、通信和其他电子设备制造业）	222
D44（电力、热力生产和供应业）	186
C38（电气机械和器材制造业 ）	176
C31/32（基本金属的制造）	89
C35（专用设备制造业）	56
C30（非金属矿物制品业）	37
C36（汽车制造业）	35

2. 技术公开趋势分析

技术公开趋势分析表明核反应堆技术创新领域一直是“华龙一号”创新的主要领域，2016 年是“华龙一号”正式开工后第一年，创新专利的增长非常明显。

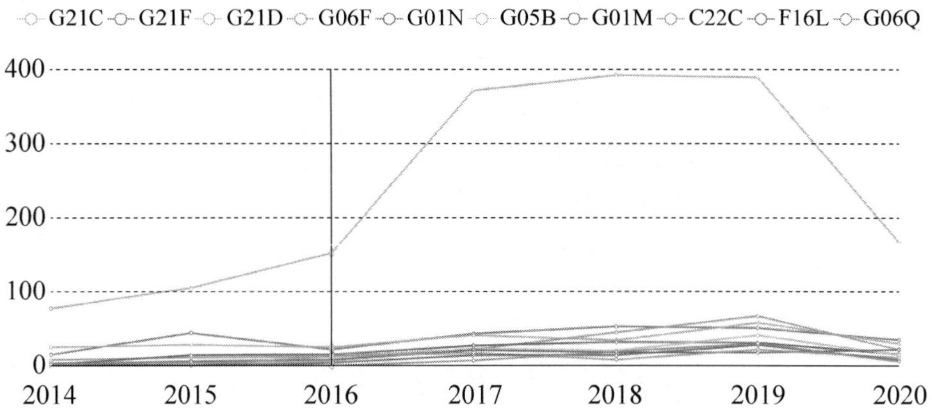

图 6-2　“华龙一号”相关技术公开数据分析

Fig. 6-2　Industry classification and number diagram of related patents of HPR1000

表 6-3　IPC 分类号说明与专利数量表

Tab. 6-3　IPC classification number description and patent number table

IPC 分类号	专利数量
G21C［核反应堆（聚变反应堆、混合裂变—聚变反应堆入 G21B；核爆炸入 G21J）］	1653
G21F［X 射线，γ 射线、微粒射线或粒子轰击的防护；处理放射性污染材料；及其去污染装置（用药物方法进行的辐射防护入 A61K8/00，A61Q17/04；在航天器中的入 B64G1/54；与反应堆结合的入 G21C11/00；与 X 射线管结合的入 H01J35/16；与 X 射线仪器结合的入 H05G1/02）］	263
G21D（核发电厂）	241
G06F［电数字数据处理（基于特定计算模型的计算机系统入 G06N）］	187
G01N［借助于测定材料的化学或物理性质来测试或分析材料（除免疫测定法以外包括酶或微生物的测量或试验入 C12M，C12Q）］	137
G05B［一般的控制或调节系统；这种系统的功能单元；用于这种系统或单元的监视或测试装置（应用流体作用的一般流体压力执行器或系统入 F15B；阀门本身入 F16K；仅按机械特征区分的入 G05G；传感元件见相应小类，例如 G12B，G01、H01 的小类；校正单元见相应的小类，例如 H02K）］	108
G01M（机器或结构部件的静或动平衡的测试；其他类目中不包括的结构部件或设备的测试）	96
C22C［合金（合金的处理入 C21D、C22F）］	72
F16L（管子；管接头或管件；管子、电缆或护管的支撑；一般的绝热方法）	71
G06Q（专门适用于行政、商业、金融、管理、监督或预测目的的数据处理系统或方法；其他类目不包含的专门适用于行政、商业、金融、管理、监督或预测目的的处理系统或方法〔8〕）	69

3. 申请人公开趋势分析

从申请人公开趋势数据分析，中核集团所属中国核动力研究设计院和中国核电工程有限公司以及中广核集团所属中广核电力和中广核研究院均为“华龙一号”设计单位作为专利申请的主要申请单位，也符合两个集团研发“华龙一号”的实际情况。福建福清核电公司及广西防城港核电公司分别为“华龙一号”项目实际运营的业主公司，也产生了部分“华龙一号”专利申请，也是顺理成章的。核反应堆技术（G21C）是各申请单位申请专利主要涉及的领域，申请单位属于企业和科研单位，在成都的中国核动力设计院统计数据最多，其次是在深圳的中广核集团及研究院，紧接着是在北京的中国核电工程有限公司，详情请见图 6-3。

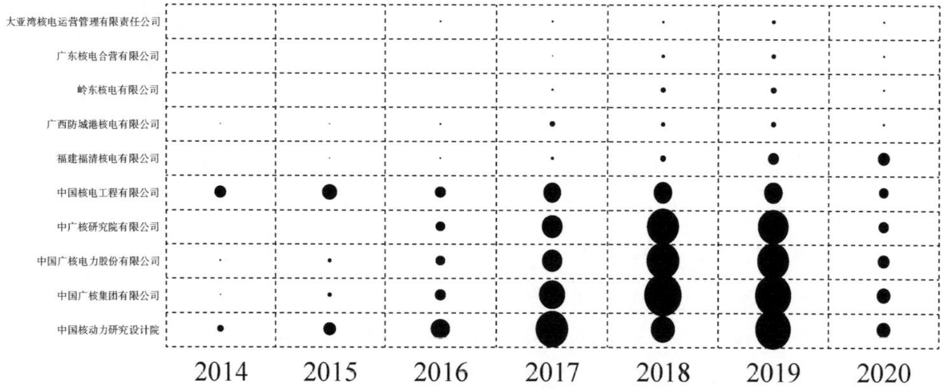

图 6-3　“华龙一号”技术专利申请人公开趋势分析图

Fig. 6-3　Trend analysis chart of HPR1000 patent applicants' disclosure

4. 聚类分析

根据专利数据聚类分析，对“华龙一号”专利进行分类整理，分析出专利主要集中在以下五个主要方向类型：气动辅助给水泵、非能动安全壳、严重事故、压水堆核电厂、低水平放射性。随后进行了专利地图的绘制，将中核集团中国核动力研究设计院和中国核电工程公司编为一组，将中广核集团电力股份公司及中广核研究院编为一组，通过专利数据进行立体模型构图，对相关领域专利数据进行对比，详见图 6-4。

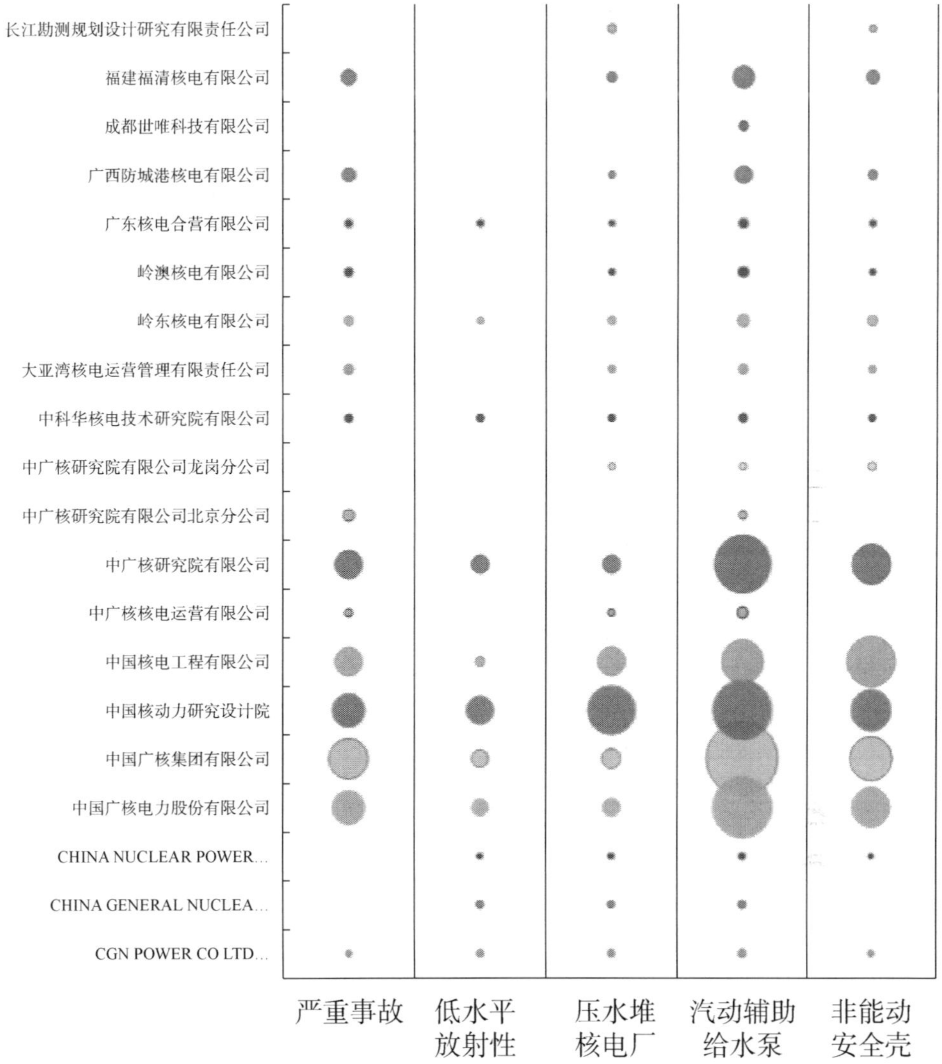

图 6-4 “华龙一号”技术创新申请单位及专业类型聚类分析图

Fig. 6-4 Clustering analysis diagram of HPR1000 technology innovation applicants and specialty types

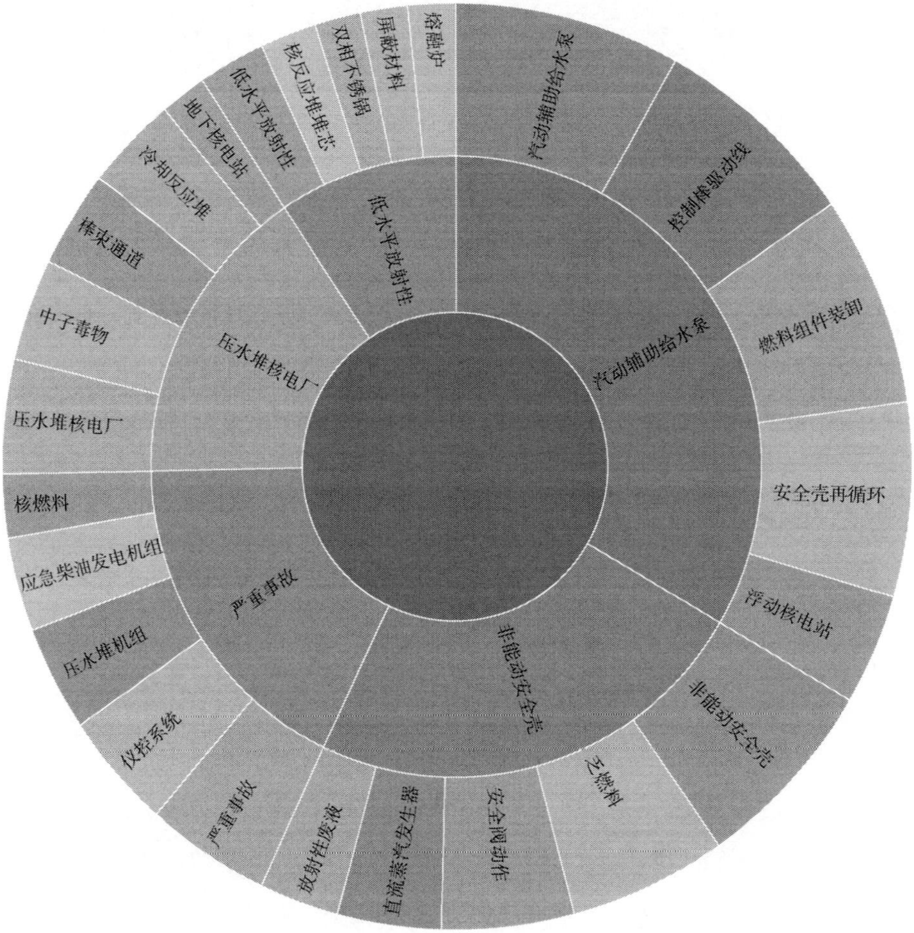

图 6-5　“华龙一号”技术创新申请类型详细分析图

Fig. 6-5　Detailed analysis diagram of the types of technology innovation application of HPR1000

5. 专利地图

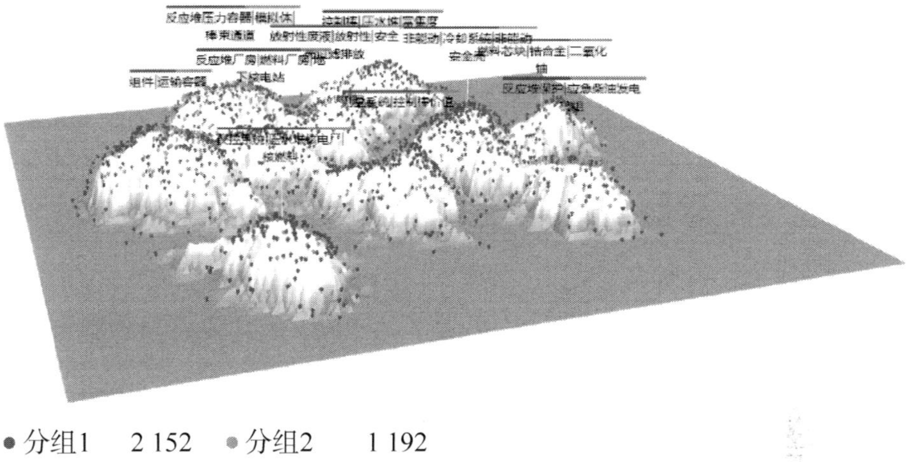

图 6-6　“华龙一号”技术创新专利申请领域对比分析立体图

Fig. 6-6　Stereograph of comparative analysis of patent application fields for technological innovation of HPR1000

6.2.4　“华龙一号”促进中国核工业技术标准化进展

专利形成之后，标准化的下一步就是形成相应标准。2016 年，国家提出“中国将积极实施标准化战略，以标准助力创新发展、协调发展、绿色发展、开放发展、共享发展”。在标准化建设方面，“华龙一号”是我国自主研发的具有完整知识产权的大型先进压水堆核电技术，其安全和技术经济性指标达到国际三代核电技术的先进水平，是我国核电自主发展战略的主要组成部分，也是我国实施核电走出去战略的重要品牌。为贯彻落实国务院办公厅印发的《国家标准化体系建设发展规划（2016—2020 年）》以及《核电中长期发展规划（2011—2020 年）》，依托“华龙一号”示范工程，围绕现行压水堆核电标准体系的完善和优化，进一步建立健全一套适用于“华龙一号”的压水堆核电标准体系，国家特制定了“华龙一号”国家重大工程标准化示范实施方案。

在国家能源局、国家标准化管理委员会和国家核安全局的领导下，按照统一组织管理的原则，发挥全国核能标准化技术委员会、全国核仪器仪表标准化技术委员、能源行业核电标准化技术委员会的作用以及各集团优势，依托国家已经批准的“华龙一号”示范工程（福建福清 5 号机组和广西防城港 3 号机组），分析各阶段建设的标准需求，以我国现行压水堆核电标准体系为基础，参考国际广泛采用的先进核电标准，实现压水堆核电标准体系优化、标准制修订等核电标准化相关工作与示范工程建设有效结合、同步推进。

依托“华龙一号”示范工程，从 2017 年起，国家计划利用四年左右的时间，进一步完善优化现有压水堆核电标准体系，建全一套自主的涵盖通用基础、前期工作、核电设计、设备制造、建造、调试、运行和退役等全生命周期的压水堆核电标准体系，形成一批与国际水平相当的核电国家标准、行业标准（NB），该标准体系完全覆盖“华龙一号”国内建设和出口所需的标准，有效提升我国核电技术和装备水平，支撑我国核电技术和装备走出去，提升在国际上的话语权、主动权和影响力，打造中国先进核电标准品牌，提升我国核电标准化整体水平。

2020 年，中核集团组织华龙一号型号标准建设，全集团 30 余家单位 2000 余人参与华龙一号型号标准化工作，利用四年左右的时间，建立健全了一套涵盖通用基础、前期工作、核电设计、设备制造、建造、调试、运行和退役等全生命周期的自主核电标准体系，形成了一批与国际水平相当的国家标准、行业标准和集团企业标准，提升了我国核电标准自主化水平。同时，还发布了我国首项 ISO 核电领域的国际标准，填补了空白，标志着我国自主核电技术进一步获得了国际认可。同时，中核集团以“华龙一号”型号标准化研究和建设为基础，积极实施和推进由国家能源局、国家标准委、国家核安全局三部委批复的“华龙一号”国家重大工程标准化示范。

公开信息显示，截至 2016 年 6 月，我国已建立全面覆盖二代改进型核电和基本覆盖三代核电的《压水堆核电厂标准体系项目表》，形成了包含 1023 项核电标准的项目清单，其中已发布标准 743 项，包括国家标准 77 项、能源行业核电标准 615 项、核行业标准 44 项、电力标准 7 项，形成了包含通用和基础、前期工作、工程设计、设备、建造、调试、运行和退役等八大领域以及 29 个子领域的标准体系结构。

《“华龙一号”国家重大工程标准化示范实施方案》提出，“华龙一号”标准化示范应充分利用核电标准体系现有成果，通过需求和现状对比分析，对现有标准和标准体系进行查漏补缺和完善优化。此外，“华龙一号”所适用的国家标准和行业标准应最大程度确保标准的通用性，不断丰富完善我国压水堆核电标准体系。同时，鼓励并支持各企业按自身实际需要开展“华龙一号”企业标准的研究制定，多层面丰富完善“华龙一号”所需标准。“华龙一号”标准原则上大部分属于“中国先进核电标准体系研究”重大专项体系中设计的三层体系结构中的第三层。前两层都是行业通用标准，第三层留空给各堆型标准进行建立和完善。

2020 年 6 月，中国核能行业协会和华龙国际核电技术有限公司启动《华龙核电技术用户要求文件》，华龙国际利用中核集团和中广核集团平台的地位，邀请两大集团从业主角度提出用户要求，考虑提高经济性、平衡安全性，在已整合的技术基础上，进一步优化技术，合行业之力计划于 2021 年 6 月前完成《华龙核电技术用户要求文件》通用部分编制。《华龙核电技术用户要求文件》代表我国华龙核电发展水平、核电产业能力，其编制发布将有利于“华龙一号”深度融合与标准化，并助力我国自主知识产权核电品牌“走出去”。

然而，从上述专利分析数据可以看出，两个集团在专利上的竞争相当激烈，每个集团都有比较突出的专利布局特点。整体上看，其中一方更具竞争优势，标准化建设也占据优势地位，但某个集团的标准体系并没有成为行业执行的标准或是另外集团也认可接受的标准，即获得行业认可与统一执行的“华龙一号”相关标准并不多见，主要原因还是各集团对于华龙技术非常看重，都想拥有华龙技术的话语权，从每个集团个体理性层面上来看也是可以理解的，但是从集体理性上来看，标准不能仅从集团层面制定，只有从行业方面执行才能体现最大的价值。因此。在《华龙核电技术用户要求文件》编制过程中，也面临较大协调难度，华龙国际面协调集团及各单位提出的各方面不同意见，就需要华龙国际发挥好平台公司的作用，在两大集团还不能实现集体理性路径条件下，只有通过个体理性路径进行组织协同，通过技术平台来平衡各方利益诉求，有关各方也需要通过沟通协调机制，建立合理的利益分配机制，通过技术标准化才能实现组织协同的目标。

6.3 “华龙一号”技术标准化组织协同治理收获及策略

6.3.1 “华龙一号”技术标准化组织协同治理收获

通过“华龙一号”的技术标准化实践，从案例分析我们可以得到如下结论：

假设 1 成立。技术标准化过程符合“四因素两阶段”理论模型要求；“华龙一号”技术标准化过程政策作为外因、动力作为内因，平台和分配作为组织间关系助力协同行为的产生，从而形成协同绩效。

假设 2 成立。技术标准化过程作用路径符合个体理性或集体理性作用路径：“华龙一号”技术标准化过程作用路径符合个体理性作用路径，通过政策-动力-平台-分配-协同行为-协同绩效的组织间个体理性作用路径取得了阶段性成绩，后续有实现集体理性作用路径的可能。

假设 3 成立。在政策作用下，中国核工业组织间组织协同绩效明显提升：两个集团技术融合取得的阶段性成果，促进了技术标准化的进程。技术标准化是产业创新和技术创新的重要来源，通过技术标准化识别来创建新的技术领域，对于追求持续创新和经济快速增长至关重要。各方都将通过技术标准化获益，应坚定不移继续推行下去。

假设 4 成立。组织间协同动力随着协同收益的增加而增大，随着协同成本的增加而减小：当两个集团通过技术融合才能实现项目落地的要求明确时，协同动力随着协同收益的增大而增大，当深度融合需要两大集团付出更为高昂的成本条件下，组织协同的动力随着成本的增加而减小。拥有华龙技术的两个集团在华龙技术的专利上都做了很多创新与突破，相关领域专利竞争也很激烈，各方都想争夺标准话语权，主要原因还是各集团对于华龙技术非常看重，都想拥有华龙技术的话语权，后续关键是要在专利到标准化的进程中通过平台协调机制及分配机制形成组织协同。

假设 5 成立。平台的存在，也不一定能促成协同行为或者产生协同行为，信任是平台充分发挥作用的基础；华龙国际作为组织协同的平台成立，为协同的产生创造了有利条件，公司成立五年以来，初步实现了融合目标，新的融合项目也实现了落地，但技术标准化是一种持续的状态，是一个长期的过程，不可能一蹴而就，越往涉及核心技术标准难度越大，但两个集团间的信任，才是华龙国际作为平台充分发挥作用的基础。

假设 6 成立。分配影响组织参与合作的积极性，也会影响组织协同的动力和整体绩效。华龙国际后续做好技术标准化，需要平衡好股东方、设计院的各方利益关系，做好知识产权保护及融合标准制定及相关利益分配方案与平衡，通过分配机制的落地，让贡献技术多的单位获得实际利益，让知识产权得到应有的尊重与保护，让前期的投入获得相应回报，有利于促进技术标准化的实施；通过推进《华龙核电技术用户要求文件》的编制，形成中国自主的华龙技术用户要求文件，对后续技术标准化工作奠定良好基础。

6.3.2 “华龙一号”组织协同关系治理策略

参考中国重大工程建设管理理论体系[196]，结合实证分析案例结论，实现面向技术标准化的组织协同关系治理，一是要通过政策方面的引导，创造良好的组织政策环境，促进和鼓励组织间进行技术标准化；二是要激发组织间进行技术标准化的动力，让组织通过标准化提高产品质量、提高经济效益；三是搭建好平台，增强组织间合作的信任关系，加强沟通、做到互相优势技术愿意通过平台实现共享；四是做好利益分配，合理做好知识产权的保护，促进组织协同关系的形成。

综合上述研究成果，形成以下六条面向“华龙一号”技术标准化的组织协同治理策略：

一是国家政策持续支持深入“华龙一号”技术标准化工作，通过标准化工作建立起华龙技术国家标准，编制发布《华龙技术用户要求文件》，通过循序渐进的步骤分阶段消除两大集团设计方面的差异，通过自主创新推进我国核电技术标准化建设；

二是积极运用“华龙一号”技术标准化成果，通过一批标准化“华龙一号”项目的落地，产品安全性及经济性的提升验证技术标准化的规模效应，令参与协同组织获得实际费用的节省以实现收益的提升，体现个体理性需求；

三是积极鼓励技术创新，发布政策鼓励技术及工期优化方案，并对主要完成团体或单位进行按照节省价值的一定比例进行奖励，体现创新政策对协同行为的规制作用；

四是充分发挥华龙国际核电技术有限公司的平台作用，建立并完善技术交易平台机制，促进组织间的沟通，提升组织间信任程度，以加强技术交易及共享，促进组织协同的实现；

五是做好知识产权的保护，对标准化结果投入按知识产权投入或所占标准化方案比例进行评估，并对收益进行按知识产权投入或所占标准化方案进行分配，并落实监督保障机制，各方技术投入比例可以在固定年限更新，确保华龙技术安全性、先进性、经济性；

六是增强合作共赢集体理性思维的建立，共同把行业蛋糕做大，后续可以不同集团开发不同型号的产品，既保持具备能力，又形成适度竞争，促使产业积极健康发展，组织间协同的作用路径逐步由个体理性过渡到效率更高的集体理性作用路径。

6.4　本章小结

本章将“华龙一号”技术融合过程视为核工业组织间技术标准化的过程，借助技术标准化的过程，分析和验证前文的理论成果、为实现组织协同关系治理提出相应策略。

“华龙一号”技术是由中国两大核电企业中国核工业集团公司和中国广核集团在 30 余年核电科研、设计、制造、建设和运行经验的基础上，根据福岛核事故经验反馈以及中国和全球最新安全要求，研发的先进百万千瓦级压水堆核电技术，具有完全自主知识产权的三代压水堆核电创新成果，是中国核电走向世界的“国家名片”，是中国核电创新发展的重大标志性成果。

为满足我国核电“走出去”战略和自身发展需要，国家专门成立华龙国际核电技术有限公司对“华龙一号”技术进行标准化工作。华龙国际作为统一华龙技术的专业技术平台，近年取得了阶段性的成果，发布了 2017 版技术融合方案，配合两大股东实现福建漳州、广东惠州、浙江苍南、海南昌江“华龙一号”项目开工，为华龙技术标准化做出了阶段性成果，有力的体现了核工业经济属性的经济带动作用，并间接为核工业社会属性的发挥提供了支持。尽管各大集团在专利申请、标准化制度建设方面取得了一定的进展，华龙技术的深度融合任重道远，华龙技术标准化工作还有待进一步深入。

通过“华龙一号”的技术标准化实践，可以看出中国核工业在国家政策效应没有发挥充分作用情况下，核工业组织在通过个体理性作用路径参与组织协同，按个体利益进行抉择。根据实际案例的分析，验证了提出的四个理论假设，对“华龙一号”技术标准化促进组织协同提出治理策略如下：

一是充分发挥政策引领作用，国家政策持续支持深入“华龙一号”技术标准化工作，通过标准化工作建立起华龙技术国家标准，编制发布《华龙技术用户要求文件》，通过循序渐进的步骤分阶段消除两大集团设计方面的差异，通过自主创新推进我国核电技术标准化建设；

二是积极运用“华龙一号”技术标准化成果，通过一批标准化“华龙一号”项目的落地，产品安全性及经济性的提升验证技术标准化的规模效应，令参与协同组织获得实际费用的节省以实现收益的提升，体现个体理性需求；

三是积极鼓励技术创新，发布政策鼓励技术及工期优化方案，并对主要完成团体或单位进行按照节省价值的一定比例进行奖励，体现创新政策对协同行为的规制作用；

四是充分发挥华龙国际核电技术有限公司的平台作用，建立并完善技术交易平台机制，促进组织间的沟通，提升组织间信任程度，以加强技术交易共享，促进组织协同的实现；

五是做好知识产权的保护，对标准化结果投入按知识产权投入或所占标准化方案比例进行评估，并对收益进行按知识产权投入或所占标准化方案进行分配，并落实监督保障机制，各方技术投入比例可以在固定年限更新，确保华龙技术安全性、先进性、经济性；

六是增强合作共赢集体理性思维的建立，共同把行业蛋糕做大，后续可以不同集团开发不同型号的产品，既保持具备能力，又形成适度竞争，促使产业积极健康发展，组织间协同的作用路径逐步由个体理性过渡到效率更高的集体理性作用路径。

第 7 章　结论与展望

7.1　研究主要结论

本书针对核工业组织个体理性与集体理性的矛盾，以实现组织协同，保障集体理性及社会属性的实现为主要研究目的。本书的主要研究内容结论为：

（1）通过对中国核工业组织及其制度环境、技术标准化与组织间关系、面向技术标准化的核工业组织间影响因素进行了分析，揭示了技术与组织的本质、技术标准化与组织间关系的相关性，揭示了面向技术标准化的核工业组织协同关系及影响因素：

中国核工业具有经济、社会目标的双重属性，社会属性体现在国家利益与战略安全，经济属性体现在优化能源结构带动产业发展，且产业具有明显的规模经济效应，国家的需要，就是核工业发展的方向。核工业组织的社会属性的内涵就是以国家利益为根本。要实现社会属性需要寡头间实现组织协同，技术作为核工业组织间竞争的话语权，技术标准化被视为一种重要的规制手段。技术标准化的内涵是通过形成统一的设计技术标准，建设标准化的核电站产品，实现监督管理标准化，推动建立自主标准体系，促进组织协同。

通过采用德尔菲法进行专家访谈，得到影响因素主要：政策、平台、分配、动力。政策是非常重要的影响组织协同的外部因素，动力是非常重要影响组织协同的内部因素，平台和分配是非常重要影响组织协同的组织间关系因素。政策作为外因、动力作为内因，平台和分配作为组织间关系助力协同行为的产生，从而形成协同绩效。据此，基于中国核工业的首要属性和实现组织协同的有效途径，参考“SCP”模型构建了基于面向技术标准化的我国核工业组织间协同“四因素两阶段”理论模型。

（2）对核工业组织间组织协同影响因素的作用机理及作用路径进行了分析，通过理论建模进行了假设构建，通过调查问卷，对假设进行了分析验证，通过内源驱动因子、组织间关系、外源驱动因子对协同行为与协同绩效的作用路径分析得到以下结论：

对于面向技术标准化的中国核工业组织协同影响因素作用机理为：由于社会属性的客观要求，中国核工业组织在国家政策引导下形成的组织动力必然决定性的影响组织间协同行为及组织绩效，同时政策与动力也必然将通过以各自的方式来影响并传导至平台与分配，乃至形成对组织间协同的影响并产生不同的作用路径。政策对协同行为的间接影响最大，政策是方向、是原则但并非直接作用于组织；动力对协同行为的直接影响最大，动力是关键、是组织执行政策的积极性驱动；平台对协同绩效的直接影响最大，平台是提供技术标准资源的根本和基础，能否良好的利用并为平台提供有效资源是组织与平台互动有效的基础，平台对协同行为的直接影响效应值比较小，说明即使平台存在，也不一定能促成协同行为或者产生协同行为，还是要与其他影响因素一起作用才能产生协同行为及协同绩效；分配对协同绩效的直接影响较大，分配影响组织参与合作的积极性，也会影响组织协同的动力和整体绩效。

通过作用路径分析，我们可以得到两条由外部政策因素作用产生的组织间协同行为及协同绩效作用路径：即通过“政策-动力-协同行为-协同绩效”体现集体理性的作用路径，及通过“政策-动力-平台-分配-协同行为-协同绩效”体现个体理性作用路径。集体理性作用路径是组织间通过政策指引及政策环境影响，组织间产生协同动力，通过组织间集体理性形成协同行为，产生协同绩效，效率最高。个体理性作用路径是在政策因素使组织间产生协同动力，但由于组织缺乏高度的集体理性认识，没有通过动力从组织间直接产生协同行为，而是通过建立第三方平台机制，通过平台进行进一步沟通与交易，对协同成果的分配形成共识，再通过协同行为的产生形成协同绩效，根据个体理性的判断达到组织协同的效果。所以，个体理性作用路径效率传递成本比集体理性作用路径效率传递成本要高，集体理性作用路径是组织间形成协同的更高层次的最优路径。

（3）通过演化博弈方法对核工业组织间组织协同行为进行分析得到以下结论：

核工业组织 A 和组织 B 通过博弈，验证了两条作用路径，选择组织同时参与协同有两种情况：在政策因素充分发挥作用的情况下，组织间都有强烈的协同意愿，可以做出集体理性的协同选择。验证“政策-动力-协同行为-协同绩效”集体理性作用路径。

以奖惩机制为代表的政策效应没有发挥充分作用情况下，核工业组织个体利益的获得情况将决定组织是否参与协同，在均衡点之上，组织个体理性可能超越集体理性而选择不协同的概率更大；在均衡点之下，组织集体理性可能超越个体理性而选择协同的概率更大。验证“政策-动力-平台-分配-协同行为-协同绩效”个体理性作用路径。

在奖惩机制代表的政策效应没有充分发挥作用情况下，组织参与协同的条件有：主体参与协同的前提是协同收益大于协同成本；主体之间的信任程度会影响协同主体的策略选择；对不协同行为的及时奖惩会影响整体协同状态的实现；合理的分配方式可以促使各主体选择“协同”策略的概率最大。

分析表明，当核工业承担有关国家安全的重要任务时，政策的执行必须得到充分保障落实，以实现社会属性。对于承担体现经济属性的任务时，组织间应在技术标准化规制下，通过合理有效竞争体现个体理性并促进产业发展。随后，针对动力、政策、平台、分配协同治理提出了相关策略：

1. 政策因素将是影响核工业组织协同的第一因素。明确对于核工业这样的具有社会属性的产业，国家要消除相关企业对生存的顾虑，通过政策指引发挥好政府与市场的作用，有关经济属性体现方面合理布局与适度分工，既充分发挥集体理性和产业的社会属性，又让核工业组织产生适度竞争，加强活力，经济属性的发挥也是有利于提升产业能力，以利于更好发挥社会属性。

2. 在政策因素不够强大时，核工业组织选择“协同”策略的概率会随着协同收益的增加而增大，随着协同成本的增加而减小，增加协同收益、减小协同成本就是组织治理的目标。

3. 核工业组织间的信任水平的建立和提升就是促进平台因素发挥积极作用的手段。加强平台建设，通过技术交流沟通为更多人了解、接受，进而促进技术标准化的进程，通过沟通增进了解、加强信任、促进交流、形成合力，就实现了组织协同行为，产生协同绩效。

4. 要做好利益的分配，首先是明确组织各成员的贡献程度，其次是相关协议及合约的保护；再次是塑造具有集体理性的组织；最后是形成监督机制，保障按协议执行。

5. 塑造具有集体理性的组织。基于集体理性的个体组织，要相互尊重与包容，在组织个体利益与国家利益的个体理性与集体理性之间，根据产业发展情况做出合理选择。在成熟期，集体理性前提下体现个体理性。

通过“华龙一号”的技术标准化实证案例研究，可以看出中国核工业在国家政策效应有待进一步发挥作用情况下，核工业组织在通过个体理性作用路径参与组织协同。标准化建设取得一定成绩，但后续工作仍任重道远，针对“华龙一号”技术标准化促进组织协同提出治理策略如下：

一是充分发挥政策引领作用，国家政策持续支持深入“华龙一号”技术标准化工作，通过标准化工作建立起华龙技术国家标准，编制发布《华龙技术用户要求文件》，通过循序渐进的步骤分阶段消除两大集团设计方面的差异，通过自主创新推进我国核电技术标准化建设；

二是积极运用“华龙一号”技术标准化成果，通过一批标准化“华龙一号”项目的落地，产品安全性及经济性的提升验证技术标准化的规模效应，令参与协同组织获得实际费用的节省以实现收益的提升，体现个体理性需求；

三是积极鼓励技术创新，发布政策鼓励技术及工期优化方案，并对主要完成团体或单位进行按照节省价值的一定比例进行奖励，体现创新政策对协同行为的规制作用；

四是充分发挥华龙国际核电技术有限公司的平台作用，建立并完善技术交易平台机制，促进组织间的沟通，提升组织间信任程度，以加强技术交易共享，促进组织协同的实现；

五是做好知识产权的保护，对标准化结果投入按知识产权投入或所占标准化方案比例进行评估，并对收益进行按知识产权投入或所占标准化方案进行分配，并落实监督保障机制，各方技术投入比例可以在固定年限更新，确保华龙技术安全性、先进性、经济性；

六是增强合作共赢集体理性思维的建立，共同把行业蛋糕做大，后续可以协商各集团开发不同型号的产品，既保持具备能力，又形成适度竞争，促使产业积极健康发展，组织间协同的作用路径逐步由个体理性过渡到效率更高的集体理性作用路径。

7.2　研究的局限性

本书在中国核工业组织协同关系治理研究过程中，首先从组织协同内涵、影响因素、理论模型研究展开，通过作用机理及作用路径的分析，研究组织协同关系治理策略，尽管研究取得了一定的研究成果，但由于研究时间及能力所限，有关中国核工业组织协同治理的一些更深层次的研究有待进一步完善：

（1）在进行面向技术标准化的核工业组织协同影响因素的挖掘中，使用德尔菲法针对专家进行访谈，虽然能体现行业专家态度，但也难免由于专家数量有限，可能也具有一定局限性。

（2）在华龙一号专利数据研究使用过程中，作者使用了 2013 年以来的相关专利数据，部分单位可能在这之前也有部分采用原有型号命名专利数据使用在“华龙一号”上，但不是用“华龙一号”的名称注册的专利，对于专利数据的统计可能还有一定数据出入。

7.3　未来研究展望

在后续的研究中，也可以从商业生态系统的角度对中国核工业组织协同规律进行进一步的挖掘。所谓商业生态系统，是指以组织和个人间的相互作用为基础的经济联合体。就是把核工业产业看作是供应商、生产商、销售商、市场中介、投资商、政府、消费者等以生产商品和提供服务为中心组成的群体，它们在一个商业生态系统中担当着不同的功能，各司其职，但又形成互赖、互依、共生的生态系统。在这一商业生态系统中，虽有不同的利益驱动，但身在其中的组织和个人互利共存，资源共享，注重社会、经济、环境综合效益，共同维持系统的延续和发展。

在研究治理策略的方面，后续建议研究核工业产业监管部门如何加强政策的协调性与精准性，进一步发挥政策因素的作用，使核工业组织具备更高集体理性，组织协同路径将可能由个体理性作用路径转移到集体理性作用路径，转换过程的演化及作用机理也有待进一步深入研究。

在技术标准化的过程中，后续有两个方面可以进行深入研究，一方面是如何将各方技术组合形成标准化方案的一个过程；另一方面是将标准化方案获得的附加利益如何合理分配的过程。

组合形成标准化方案的过程是考验各方技术能力及技术水平的重要过程，需要建立相关标准化原则及标准，并考虑整体适应性及兼容性。分配方案是要弄清组合各方分配依据是各方在标准化技术中所占份额的多少，通过知识产权相关情况进行描述，而在知识产权投入，通过知识产权形成新的标准化技术，后续对标准化成果进行投入比例的认定与划分，并将剩余利益按照前期采标比例进行划分，将是后续非常有意义的工作，将影响组织协同单位协同动力的产生，随后则影响协同行为和协同绩效。

参考文献

［1］中华人民共和国国务院国家中长期科学和技术发展规划纲要（2006—2020年）. 2015.

［2］Gary N. McLean，2016. Organization Development Principle and Application.

［3］亚当·斯密. 图解国富论大国崛起的财富之路［M］. 海口：南海出版公司，2008. 7.

［4］李崇义，等. 中华谋略五千年［M］. 武汉：武汉大学出版社，1993.

［5］汤姆森·斯迪克兰德. 战略管理［M］. 北京：北京大学出版社，2001.

［6］Hannan M. T.，Freeman J. H. The population ecology of organizations［J］. American Journal of Sociology. 1977，(82)：929-964.

［7］董向芸，沈亚平. 组织群生态理论视角下高校改革与发展战略研究［J］. 中国高教研究. 2011，(10)：20-22.

［8］罗珉. 组织理论的新发展——种群生态学理论的贡献［J］. 外国经济与管理. 2001 (10)：34-37.

［9］Stinchcombe. Organization-creating organizations Society［J］. Volume 2，Issue 2. 1965. PP 34-35.

［10］Freeman J，Hannan M. Growth and decline processes in organizations［J］. American Sociological Review，40：215-228.

［11］Lewontin R C. The problem of genetic diversity［J］. Harvey Lectures，Volume 70 Series，1974. PP 1-20.

［12］Joe S. Bain Industrial Organization［M］. 1959.

[13] Alfred Marshall. principles of Economics [M] . 1890.
[14] J. Robinson. Economics of Imperfect Competition [M] . 1933.
[15] E. H. Chamberlin. Theory of Monopolistic Competition [M] . 1933.
[16] Michael V. Posner. Regulatory Capture Throry [M] . 1974.
[17] William. Baumol, Panzar, Willig, the Theory of Contestable Markets [M] . 1982.
[18] Ronald H. Coase. The Nature of the Firm [M] . 1937.
[19] Oliver. Williamson. The economics of discretionary behavior: management goals in firm theory [M] . 1964.
[20] 钱人瑜，李智，钱振健 . 网络治理的研究综述与理论框架创新 [J] . 商业经济研究，2015 (02): 116-117.
[21] 余志伟，张保胜 . 网络治理的理论基础研究综述 [J] . 统计与决策，2010 (23): 174-176.
[22] Ansoff H I, Edward J. The new corporate strategy [M] . McDonnell: Wiley, 1988.
[23] 郝生宾，张涛，于渤 . 企业自主创新能力形成的协同机制研究 [J] . 工业技术经济 . 2011 (01): 34-38.
[24] Porte H, Chastre E, Prevot S, et al. Neoplastic progression of human colorectal cancer is associated with overexpression of the stromelysin - 3 and BM - 40/SPARC genes [J] . International journal of cancer, 1995, 64 (1): 70-75.
[25] 韩炜 . 企业网络组织治理机制与绩效：基于协同视角的研究 [J] . 软科学 . 2011 (06): 97-102.
[26] 彭正银 . 网络治理理论探析 [J] . 中国软科学 . 2002 (03): 51-55.
[27] 李维安 . 阿里上市与网络治理模式创新 [J] . 南开管理评论 . 2014 (02): 1.
[28] 孙国强 . 关系、互动与协同：网络组织的治理逻辑 [J] . 中国工业经济 . 2003 (11): 14-20.
[29] 黄亚钧 . 微观经济学 [M] . 高等教育出版社，2009. 5.

[30] Andersen M A. Public investment in US agricultural R&D and the economic benefits [J] . Food Policy, 2015, 51: 38-43.

[31] Maskin E, Riley J, Hahn F. (ed) . Optimal multi-unit auctions in the economics of missing markets, Information, and games [M] . England: Oxford University Press, 2009.

[32] Krishnan P, Patnam M. Neighbors and Extension Agents in Ethiopia: Who Matters More for Technology Adoption [J] . American Journal of Agricultural Economics, 2014, 96 (1): 308-327.

[33] 严俊，吴桐水，高强，等．协同决策机制下的时隙二次指派 [J]．南京航空航天大学学报，2013，45 (01)：140-146.

[34] 孙国强，闫慧丽．网络组织治理机制对治理能力影响的实证研究 [J]．高等财经教育研究．2015 (02)：31-49.

[35] Ansoff, I. Corporate Strategy [M] . NewYork: McGraw-Hill, 1987.

[36] 哈肯．协同学 [M]．原子能出版社，1985.

[37] Corning P A . Corning, P. A. : The synergism hypothesis: On the concept of synergy and its role in the evolution of complex systems. Journal of Social and Evolutionary Systems 21 (2), 133-172 [J] . Journal of Social and Evolutionary Systems, 1998, 21 (2): 133-172.

[38] 席酉民，赵增耀. 企业集团治理 [M]. 北京：机械工业出版社，2000.

[39] 潘开灵，白列湖．管理协同机制研究 [J]．系统科学学报，2006 (01)：45-48.

[40] 杜栋．协同、协同管理与协同管理系统 [J]．现代管理科学，2008 (02)：92-94.

[41] 陈劲，阳银娟．协同创新的理论基础与内涵 [J]．科学学研究，2012，30 (02)：161-164.

[42] 梅哲群．基于平衡积分卡视角下的组织协同分析 [J]．中国商论，2016 (20)：60-61.

[43] 应可福，薛恒新. 企业集团管理中的协同效应研究 [J]. 华东经济管理，2004，10：135-138.

[44] Christine S Koberg, et al. An empirical test of environmental, organizational, and process factors affecting incremental and radical innovation [J]. Journal of High Technology Management Research, 2003.

[45] Ensign P C. The concept of fit in organizational research [J]. International Journal of Organization Theory & Behavior, 2001, 4 (3): 287-306.

[46] 李鹏，张俊飚．农业科研团队协同创新绩效测度的实证研究——基于三阶段 DEA 模型的林果业科研团队 [J]．软科学，2013，27 (04)：88-93.

[47] 陈志军，闫维波，王晓静．母子公司研发协同评价模型的构建 [J]．科学学与科学技术管理，2012，33 (12)：20-27.

[48] 张杨，王德起．基于复合系统协同度的京津冀协同发展定量测度 [J]．经济与管理研究，2017，38 (12)：33-39.

[49] 杨浩昌，李廉水．高技术企业知识与产品创新协同的测度及启示 [J]．科学学研究，2018，36 (10)：1889-1895.

[50] Camagni R. Innovation networks, spatial perspectives [M]. London: Beelhaven-Pinter, 1991.

[51] 林润辉，谢宗晓，丘东，等．协同创新网络、法人资格与创新绩效——基于国家工程技术研究中心的实证研究 [J]．中国软科学，2014，10：83-96.

[52] Freeman C. Nctworks of Innovators: A Synthesis of Research Issues [J]. Research Policy, 1991, 20 (5): 499-514.

[53] 刘国巍，邵云飞．产业链创新视角下战略性新兴产业合作网络演化及协同测度——以新能源汽车产业为例 [J]．科学学与科学技术管理，2020，41 (08)：43-62.

[54] 阮平南，张国红，魏云凤，等．基于专利分析的技术创新网络协同成熟度测度研究 [J]．科技进步与对策，2017，34 (18)：95-100.

[55] 覃成林，黄龙杰．粤港澳大湾区城市间协同创新联系及影响因素分析 [J]．北京工业大学学报（社会科学版），2020，20 (06)：56-65.

[56] 俞立平，方建新，王作功．高技术产业协同创新深度的影响因素及其行业比较——以航空航天与计算机及办公产业为例 [J]．广东财经大学学报，2017，32 (05)：12-21.

[57] Sosna M，Rosa Nelly Trevinyo-Rodríguez，Velamuri S R. Business Model Innovation through Trial-and-Error Learning：The Naturhouse Case [J]. Long Range Planning，2010，43 (2-3)：383-407.

[58] 夏清华，娄汇阳．规模与垄断如何影响企业商业模式创新——对熊彼特假说的新检验 [J]．学习与实践，2018 (04)：22-34.

[59] 俞立平，李守伟，刘骏．企业协同创新深度的影响机制研究——以高技术产业为例 [J]．中国科技论坛，2016 (12)：54-59.

[60] 周建军．寡头竞合与并购重组：全球半导体产业的赶超逻辑 [J]．国际经济评论，2018 (05)：135-156+8.

[61] 余晓钟，杨林，杨洋．不同垄断属性对企业技术创新的影响机制研究 [J]．科学管理研究，2015，33 (03)：80-83.

[62] 陈志军，王晓静，徐鹏．企业集团研发协同影响因素及其效果研究 [J]．科研管理，2014，35 (3)：108-115.

[63] Veugelers R，Cassiman B. R&D cooperation between firms and universities. Some empirical evidence from Belgian manufacturing [J]. International Journal of Industrial Organization，2005，23 (5)：355-379.

[64] Sercan Ozcan，Nazrul Islam. Collaborative network and technology clusters—the case of nanowire [J]. Technological Forecasting and Social change，2014，(82)：115-118.

[65] 蔡继荣，靳景玉，郑贤贵．关系性资产对战略联盟协同影响的实证研究 [J]．软科学，2013 (10)：50-54+63.

[66] Sidhu J. S.，Commandeur H. R.，Volberda H. W. The Multifaceted Nature of Exploration and Exploitation：Value of Supply，Demand，and Spatial Search for Innovation [J]. Organization Science，2007，18 (1)：20-38.

[67] 储节旺，张静．企业开放式创新知识协同的作用、影响因素及保障措施研究 [J]．现代情报，2017，37 (01)：25-30.

[68] 蔡翔，赵娟．大学—企业—政府协同创新效率及其影响因素研究 [J]．软科学，2019，33 (02)：56-60.

[69] Ganesan, S. Determinants of long-term orientationin buyer - seller relationships [J] . Journal Of Marketing, 1994 (2) .

[70] 曾文杰，马士华．供应链合作关系相关因素对协同的影响研究 [J]．工业工程与管理，2010，15 (2)：1-7.

[71] 孙新波，李凤，罗能．知识联盟激励协同影响因素的实证分析 [J]．科研管理，2014 (02)：79-86.

[72] 谢磊．供应物流协同影响机制实证分析 [J]．科研管理，2014 (03)：147-154.

[73] Maneinelli S, Mazzanti M. Inovation, networking and complementarity: Evidence on SME performances for a local economic system in North-Eastern Italy [J] . Annals of Regional Science, 2008, 43 (3) : 567-597.

[74] Svetlana K . Structuring inter-organizational R&D projects: Towards a better understanding of the project architecture as an interplay between activity coordination and knowledge integration [J] . International Journal of Project Management, 2020, 38 (5): 291-306.

[75] 夏丽娟，谢富纪，付丙海．邻近性视角下的跨区域产学协同创新网络及影响因素分析 [J]．管理学报，2017，14 (12)：1795-1803.

[76] 陈伟，王秀锋，曲慧，等．产学研协同创新共享行为影响因素研究 [J]．管理评论，2020，32 (11)：92-101.

[77] 曾小彬，包叶群．试论区域创新主体及其能力体系 [J]．国际经贸探索，2008 (06)：12-16.

[78] 白俊红，卞元超．政府支持是否促进了产学研协同创新 [J]．统计研究，2015，32 (11)：43-50.

[79] 郭建杰，谢富纪．基于 ERGM 的协同创新网络形成影响因素实证研究 [J]．管理学报，2021，18 (01)：91-98.

[80] 马娟，陈岸涛．高校学生工作队伍协同创新能力的评价机制 [J]．高等农业教育，2014，2：51-54.

[81] 陈伟，王秀锋，曲慧，等．产学研协同创新共享行为影响因素研究 [J]．管理评论，2020，32 (11)：92-101.

[82] 孙振清，李欢欢，刘保留．中国四大城市群协同创新效率综合测度及影响因素研究［J/OL］．科技进步与对策：1-9［2021-01-08］．

[83] Johansen K，Comstock M，Winroth M．Coordination in collaborative manufacturing mega-networks：A case study［J］．Journal of Engineering & Technology Management，2005，22（3）：226-244.

[84] 董媛媛，卢斌斌．行业产业协同创新中心知识扩散网络演化特征与影响因素研究［J］．情报理论与实践，2019，42（11）：75-82.

[85] Bjerregaard T，Mahadevan S．A survey of research and practices of Network-on-chip［J］．Acm Computing Surveys，2006，38（Mar）：1.

[86] Juan A. Martínez-Román，Gamero J，Tamayo J A．Analysis of innovation in SMEs using an innovative capability-based non-linear model：A study in the province of Seville（Spain）［J］．Technovation，2011，31（9）：459-475.

[87] 陈劲，阳银娟．协同创新的理论基础与内涵［J］．科学学研究，2012，30（02）：161-164.

[88] 陈捷．中国制造业企业技术并购创新协同机理研究［J］．技术与创新管理，2018，39（04）：380-385.

[89] 李永周，万元．高校产学研合作的协同机理与运行机制研究［C］．中国科技论坛，2014（10）：60-65.

[90] 曾文杰．基于合作伙伴关系的供应链协同影响因素研究［D］．2011，华中科技大学．

[91] 刘丹，闫长乐．协同创新网络结构与机理研究［J］．管理世界，2013（12）：1-4.

[92] Love J H，Roper S，Vahter P．Learning from openness：The dynamics of breadth in external innovation linkages［J］．Strategic Management Journal，2014.

[93] 解学梅，罗丹，高彦茹．基于绿色创新的供应链企业协同机理实证研究［J］．管理工程学报，2019，33（03）：116-124.

[94] El Sawy O A，Pavlou P A．The 'Third Hand'：IT-Enabled Competitive

Advantage in Turbulence Through Improvisational Capabilities [J]. Social Science Electronic Publishing, 2010, 21 (3): 443-471.

[95] C, Annique, Un, et al. Types of R&D Collaborations and Process Innovation: The Benefit of Collaborating Upstream in the Knowledge Chain [J]. Journal of Product Innovation Management, 2014, 32 (1): 138-153.

[96] Tyl B, Legardeur, Jérémy, Millet D, et al. A comparative study of ideation mechanisms used in eco-innovation tools [J]. Journal of Engineering Design, 2014, 25 (10-12): 325-345.

[97] 鄢飞. 物流服务供应链协同运作机理分析 [J]. 统计与信息论坛, 2009 (24): 53-58.

[98] Antonelli C. The new economics of the university: a knowledge governance approach [J]. Journal of Technology Transfer, 2008, 33 (1): 1-22.

[99] 宁靓, 任文敏, 王京. 政府、创业载体与在孵企业合作绩效的提升路径——基于跨组织协同视角 [J]. 科学学研究, 2020: 1-12.

[100] 刘和东, 钱丹. 产学研合作绩效的提升路径研究——以高新技术企业为对象的实证分析 [J]. 科学学研究, 2016, 34 (05): 704-712.

[101] 刘海涛. 集团型企业协同效应实现路径 [J]. 企业管理, 2020 (12): 113-115.

[102] 蔡启明, 赵建. 基于流程的产学研协同创新机制研究 [J]. 科技进步与对策, 2017, 34 (03): 7-13.

[103] Peng, Mike, W, et al. MANAGERIAL TIES AND FIRM PERFORMANCE IN A TRANSITION ECONOMY: THE NATURE OF A MICRO-MACRO LINK. [J]. Academy of Management Journal, 2000.

[104] 张学文. 知识功能视角下的产学研协同创新路径: 来自美国的实证测量 [J]. 科学学与科学技术管理, 2014, 35 (05): 100-109.

[105] 魏云凤, 阮平南. 企业创新网络协同的影响因素及形成路径研究 [J]. 技术与创新管理, 2018, 39 (04): 359-364+385.

[106] 孙萍, 闫亭豫. 我国协同治理理论研究述评 [J]. 理论月刊, 2013 (03):

107-112.

[107] Robinson, David T, Stuart, Toby. Network Effects in The Governance of Strategic; Alliances in Biotechnology [R]. Working Paper, University of Chicago, 2000: 1-48.

[108] Wang P, Ma Y, Hu Z. Unraveling the effect of alliance experience on alliance formation and alliance governance structure: A meta-analytic approach [J]. Australian Journal of Management, 2018, 43 (4): 0312.

[109] 李兵，张春先，佟仁城．协同知识创新管理的研究和探讨［J］．科研管理，2004（02）：124-128.

[110] 王启亮，虞红霞．协同创新中组织声誉与组织间知识分享——环境动态性的调节作用研究［J］．科学学研究，2016，34（03）：425-432.

[111] Bunduchi, Raluca. Trust, partner selection and innovation outcome in collaborative new product development [J]. Production Planning & Control, 2013, 24 (2-3): 145-157.

[112] 王文华，张卓，蔡瑞林．开放式创新组织间协同管理影响知识协同效应研究［J］．研究与发展管理，2018，30（05）：38-48.

[113] Doblinger C, Surana K, Anadon L D. Governments as partners: The role of alliances in U. S. cleantech startup innovation [J]. Research Policy, 2019, 48 (6): 1458-1475.

[114] 李祖超，梁春晓．协同创新运行机制探析——基于高校创新主体的视角［J］．中国高教研究．2012，07：81-84.

[115] Previtali P, Salvati E. Area Social Plans and Local Governance of Interorganizational Collaborations [J]. Sustainability, 2021, 13 (2).

[116] Baggio D, Wegner D, Dalmarco G. Coordination mechanisms of collaborative R&D projects in small and medium enterprises [J]. Revista De Administração Mackenzie, 2018, 19 (2).

[117] Qiu ming Yang. Research on Collaborative Innovation Mecha- nism of SMEs [M]. Berlin Heidelberg: Springer -Verlag, 2013.

[118] NAKWA K, ZAWDIE G. Structural Holes, Knowledge Inter- mediaries

and Evolution of the Triple Helix System with Reference to the Hard Disk Drive Industry in Thailand [J]. International Journal of Technology Management & Sustainable Development，2015，14（1）：29-47.

[119] 王文华，张卓．开放式创新模式下外部技术与内部研发协同管理体系研究[J]．科技管理研究，2017，37（09）：15-20.

[120] Robinson，David T，Stuart，Toby. Network Effects in The Governance of Strategic; Alliances in Biotechnology [R]. Working Paper，University of Chicago，2000：1-48.

[121] Larson A. Network Dyads in Entrepreneurial Settings：A Study of the Governance of Exchange Relationships [J]. Administrative Science Quarterly，1992 37（1）：76-104.

[122] Greve A，Salaff J. Social Networks and Entrepreneurship [J]. Entrepreneurship：Theory and Practice，2003，28（1）：1-22.

[123] 黄义，张清华．国家创新体系中产学研协同机制研究．科学管理研究[J]．2013，31（5）：1-4.

[124] A Bicen. Coopetitive innovation alliance performance：Alliance competence，alliance's market orientation，and relational governance [J]. Journal of Business Research，2021，123：23-31.

[125] 李亚光，卢彬彬．基于网络组织的研发协同创新机制研究[J]．科技管理研究，2017，37（03）：1-8.

[126] Varrichio P，Diogenes D，Jorge A，et al. Collaborative Networks and Sustainable Business：A Case Study in the Brazilian System of Innovation [J]. Procedia - Social and Behavioral Sciences，2012，52（Complete）：90-99.

[127] Eom B Y，Lee K. Determinants of industry-academy linkages and，their impact on firm performance：The case of Korea as a latecomer in knowledge industrialization [J]. Research Policy，2010，39（5）：625-639.

[128] 胡昌婷，李玲．基于 TIM 理论视角下的协同创新中心运行机制之构建[J]．行政与法，2017，000（012）：85-91.

[129] Amit R , Schoemaker P J H . Strategic assets and organizational rent [J] . Strategic Management Journal, 1993, 14.

[130] 凌峰，戚湧，朱婷婷．战略性新兴产业创新要素供给体系与协同机制［J］．科技进步与对策，2016，33（22）：56-63.

[131] Soundararajan V , Sahasranamam S , Khan Z , et al. Multinational enterprises and the governance of sustainability practices in emerging market supply chains: An agile governance perspective [J] . Journal of World Business, 2020.

[132] 陈红喜．基于三螺旋理论的政产学研合作模式与机制研究［J］．科技进步与对策，2009，26（24）：6-8.

[133] Ferraro G , Iovanella A . Organizing Collaboration in Inter-organizational Innovation Networks, from Orchestration to Choreography [J] . International Journal of Engineering Business Management, 2015, 7 (24) .

[134] Gao S , Yin F , Chen J , et al. The Mechanism of Inter-Organizational Collaboration Network on Innovation Performance: Evidences from East Coastal Enterprises in China [J] . Journal of Coastal Research, 2019, 94 (sp1): 945.

[135] 王维，刘华芳，周鹏．小微企业非对称联盟合作演化路径研究［J］．科技进步与对策，2013，30（18）：33-36.

[136] 张彤，张世英．企业集团的利益分配研究［J］．管理工程学报，2003（01）：45-48.

[137] Lunday B J , Robbins M J . Collaboratively-developed vaccine pricing and stable profit sharing mechanisms [J] . Omega, 2019: S0305048317305972.

[138] Patra P . Distribution of profit in a smart phone supply chain under Green sensitive consumer demand [J] . Journal of Cleaner Production, 2018, 192 (AUG. 10): 608-620.

[139] Fahimullah M, Faheem Y, ahmad N. Collaboration formation and profit sharing between software developmen firms: A Shapley value based cooperative Game [J] . Ieee Access, 2019, 7: 42859-42873.

[140] 姜春，丁子仪．新型研发组织运行治理的多层次利益分配与激励机制——以江苏省产业技术研究院及其 40 家专业研究所为例 [J]．中国科技论坛，2020 (07)：60-72.

[141] 雷永．产学研联盟利益分配机制研究 [D]．上海交通大学，2008.

[142] 王学庆．垄断性行业的政府管制问题研究 [J]．管理世界，2003，(08)，63-73.

[143] 吕祥永．我国垄断行业改革的道路选择 [J]．理论学习，2006，(03)，38-39.

[144] Friedrich Rapp. Contributions to A Philosophy of Technology. [M] . 1974.

[145] 陈劲，陈红花，尹西明，等，中国创新范式演进与发展——新中国成立以来创新理论研究回顾与思考 [J]．陕西师范大学学报（哲学社会科学版）2020，49 (01)，14-28.

[146] W. Brain Arthur. The Nature of Technology. [M]，2009.

[147] SJ Gould，N Eldredge. Paleobiology [M] . Cambridge Univ Press. 1977.

[148] Joseph Alois Schumpeter. Theory of Economic Development. [M] . 1912.

[149] White H C，Breiger R L，Boomman S A . Social structure from multiple networks：I. blockmodes of roles and positions [J] . American Journal of Sociology，1976 (81)：730-780.

[150] Podolny JM，Stuart TE，Hannan MT. Networks knowledge and niches competition in the worldwide semiconductor industry 1984—1991.

[151] Tushman，M. L. and P. Anderson. Technological discontinuity and organizational environments [J] . Administrative Science Quarterly，1986 (31)：439-465.

[152] 佚名. ISO 批准的标准术语及其定义 [J]. 航空标准化与质量，1973 (6)：35-36.

[153] 桑德斯. 标准化的目的与原理 [M]. 北京：科学技术文献出版社，1974，1-2.

[154] 标准化和有关领域的通用术语第 1 部分－基本术语 (GB-T 3935.1-

1996）.

［155］Techatassanasoontorn A A，Suo S. Influences on standards adoption in de facto standardization ［J］. Information Technology & Management，2011，12（4）：357-386.

［156］王珊珊，任佳伟，许艳真. 国外技术标准化研究述评与展望. 科技管理研究，2014（20）：24-28.

［157］孙耀吾，赵雅，曾科等. 技术标准化三螺旋结构模型与实证研究. 科学学研究，2009，27（5）：733-742.

［158］时建中，陈鸣. 技术标准化过程中的利益平衡—兼论新经济下知识产权法与反垄断法的互动. 科技与法律，2008，（5）：45-50.

［159］李哲，刘彦. 技术标准的产业技术政策工具分析. 科技进步与对策，2010，27（2）：81-84.

［160］孙敬水. 技术性贸易壁垒的经济分析. 北京：中国物资出版社，2005，150-151.

［161］史秀英. 标准化对企业和国民经济的影响—德国进行大规模的"标准化总体经济效益"调查研究. 标准科学，2002，（12）：17-20.

［162］Lyytinen K，King J L.）Standard making：A critical research frontier for information systems research. MIS Quarterly，2006，30（1）：405-411.

［163］杨志军. 多中心协同治理模式研究：基于三项内容的考察［J］. 中共南京市委党校学报，2010（03）：42-49.

［164］Ilya Prigogine，Time，Structure，and Fluctuations，Science［J］，Volume 201，Issue 4358. 1978. PP 777-785.

［165］张倩男，科技创新诱发产业竞争优势提升的演化机制研究［D］，武汉理工大学，2008.

［166］Andrew Campbell，Kathleen Sommers Luchs 编，严勇，祝方译. 核心能力战略-以核心竞争力为基础的战略［M］. 大连：东北财经大学出版社，1999.

［167］Adam Smith，The Wealth of Nations.［M］.1776.

［168］Freeman J and Hannan M. 1983. Niche width and the dynamics of organizational populations. American Journal of Sociology [J]，88：1116-1145.

[169] Freeman J and Hannan M. 1977. The Population Ecology of Organizations. American Journal of Sociology [J]，(82：5)，pp. 929-964.

[170] 许箫迪，王子龙．基于战略联盟的企业协同创新模型研究 [J]．科学管理研究，2005，12 (6)：12-15.

[171] Pavlou，P. A.，Sawy，O. A. Understanding the elusive black box of dynamic capabilities [J]．Decision Sciences，2011，42 (1)：239-273.

[172] 王珊珊，王宏起．面向产业技术创新联盟的科技计划项目管理研究 [J]．科研管理，2012，33 (03)：11-17.

[173] 曾文杰，基于合作伙伴关系的供应链协同影响因素研究 [M]，华中科技大学，2010：17-19.

[174] 胡恩华，刘洪．基于协同创新的集群创新企业与群外环境关系研究 [J]．科学管理研究，2007 (03)：23-26.

[175] 孙新波，李凤，罗能．知识联盟激励协同影响因素的实证分析．科研管理，2014 (02)：79-86.

[176] 王珊珊，李玥，王宏起，李力．产业技术标准联盟专利协同影响因素研究 [J]，科技进步与对策，2015，03：1-5.

[177] 王雎，曾涛．开放式创新：基于价值创新的认知性框架 [J]．南开管理评论，2011，14 (2)：114-125.

[178] 邬爱其．企业创新网络构建与演进的影响因素实证分析 [J]．科学学研究，2006 (24)：141-149.

[179] Larson A. Network Dyads in Entrepreneurial Settings：A Study of the Governance of Exchange Relationships [J]：Administrative Science Quarterly，1992，37 (1)：76-104.

[180] Jones，Candace，William S. Hesterly. A general theory of network governance：exchange conditions and social mechanisms. Academy of management review. 1997 (4).

[181] 于斌斌，余雷．基于演化博弈的集群企业创新模式选择研究 [J]．科研管理，2015，36 (04)：30-38.

[182] 杨建华，高卉杰，殷焕武．物流服务提供商联盟的关系治理和机会主义——基于正式控制视角［J］．软科学，2017，(01)：124-129.

[183] 李廉水．论产学研合作创新的利益分配机制［J］．软科学，1997 (02)：61-63.

[184] Milward，Provan. Measuring Network Structure［J］. Public Administration. 1998，Volume76，Issue2. Pages 387-407.

[185] 郑传斌，丰景春，鹿倩倩，等．全生命周期视角下关系治理与契约治理导向匹配关系的实证研究——以 PPP 项目为例［J］．管理评论，2017，(12)：258-268.

[186] 陈劲，阳银娟．协同创新的理论基础与内涵［J］．科学学研究．2012 (02)：161-164.

[187] 张琰飞，朱海英．“两型”技术创新系统协同机理研究［J］．科技进步与对策．2013 (15)：14-18.

[188] 孙冰，张敏．基于序参量的企业自主创新动力系统协同机理研究［J］．中国科技论坛．2010 (10)：19-24.

[189] 陈国权，刘薇．企业组织内部学习、外部学习及其协同作用对组织绩效的影响——内部结构和外部环境的调节作用研究［J］．中国管理科学，2017，(5)：175-186.

[190] 冯海龙．企业战略变革的定义比较、测量述评及量表开发——兼对笔者原战略变革定义的修正与操作化［J］．管理学报，2010，7 (4)：499-508.

[191] 梁娟，陈国宏．多重网络嵌入、知识整合与知识创造绩效［J］．科学学研究，2019，2，301-310.

[192] 盛昭瀚，薛小龙，安实．构建中国特色重大工程管理理论体系与话语体系［J］．管理世界，2019 (4)：1-16.

附　　录

附录 A　调查问卷 1

中国核工业组织协同影响因素分析专家访谈问题单

一、核工业基本情况

1. 您认为我国核工业发展国内外环境及现状如何？

2. 您了解我国核工业发展有什么样的发展目标？

3. 您如何理解军民融合的含义？寓军于民、以民养军对核工业有什么要求？

4. 您认为核工业满足国家发展需要遵循什么原则？

二、核工业产业生态的基本情况

5. 我国管控核工业的政府部门有哪些？互相协调怎样？

6. 各核电集团之间是否有明确竞争与合作关系？竞争领域在哪些方面？他们合作情况如何？

7. 目前竞争局面是否适应国内外发展形势？您认为几个集团之间应该是什么关系？

8. 您认为我国核工业如何做到对外一致统一，对内有序竞争、协同共生的产业结构？

三、核工业技术标准化主要影响因素

9. 您认为核工业进行技术标准化是否必要？

10. 您认为要达到什么目标才算实现了技术标准化？

11. 您认为影响核工业技术标准化的内部、外部因素有哪些？

12. 您认为核工业要实现技术标准化主要是各集团内部的问题，还是集团之间不愿合作的问题，还是政府治理的问题，或是没有解决利益分配或成果共享的问题？

附录 B 调查问卷 2

中国核工业组织间协同机理研究调查问卷

尊敬的先生/女士：

您好！感谢您参与本问卷调查！

本问卷旨在研究“面向技术融合的核工业组织间协同的影响因素”。诚邀您与我们分享您在这个领域的宝贵经验。您所提供的观点将严格保密，并仅限于学术用途。如果您有兴趣和需要，欢迎您提供邮箱，我们可以将最终的统计和分析结果反馈给您。如有任何疑问，请发邮件至 13810877199@163. com. 谢谢您的合作与支持！

一、企业/组织基本情况

1、您是否是核工业产业所属企业/组织从业者（　　）

A. 是（继续答题）　　B. 否（停止答题）

2、您在核工业企业/组织工作年限（　　）

A. 3 年以下　B. 3～10 年　C. 10～20 年　D. 20～30 年

E. 30 年以上

3、您目前所处企业/组织的员工人数（　　）

A. 300 以内　B. 300～1000　C. 1000～2000　D. 2000 以上

4、您在企业/组织担任的职务是（　　）

A. 基层员工　B. 中层管理者　C. 高层管理者

5、贵企业/组织所属集团或机构（　　）

A. 政府及事业单位　B. 各核电集团　C. 各电力集团

D. 设备厂商　E. 其他

6、贵企业/组织与集团内单位进行技术合作伙伴数量（　　）

A. 3 家以下　B. 3～10 家　C. 10～30 家　D. 30 家以上　E. 无

7、贵企业/组织与集团内单位合作时间大约有（　　）

A. 3 年及以下　B. 3～10 年　C. 10～20 年　D. 20 年及以上　E. 无

8、贵企业/组织与集团外单位进行技术合作伙伴数量（　　）

A. 3 家以下　B. 3～10 家　C. 10～30 家　D. 30 家以上

9、贵企业/组织与集团外单位合作时间大约有（　　）

A. 3 年及以下　B. 3～10 年　C. 10～20 年　D. 20 年以上

10、您了解的核电集团间进行技术融合的时间大约有（　　）

A. 3 年及以下　B. 3～10 年　C. 10～20 年　D. 20 年及以上

E. 从没听说

二、面向技术融合的核工业组织间协同影响因素

请您根据自己了解的实际情况进行回答，各题答案选项以 1～7 分的形式给出，具体表示含义如下：1 表示非常不同意；2 表示不同意；3 表示比较不同意；4 表示不确定；5 表示比较同意；6 表示同意；7 表示非常同意。

维度	影响因素	影响变量	1	2	3	4	5	6	7
	政策	ZC 1 国家宏观政策对行业发展非常重要							
		ZC 2 核工业分工策略对行业发展发展非常重要							
		ZC 3 国家战略利益要求产业进行协同非常重要							
		ZC 4 国家产业政策促进合作非常重要							
		ZC 5 组织间签署具体合作协议非常重要							
	动力	DL 1 基础数据信息共享非常必要							
		DL 2 基础科研资源共享非常必要							
		DL 3 产品更具有竞争力非常重要							
		DL 4 组织更具有创新力非常重要							
		DL 5 深度创新工作需要组织间协同才能完成							

续表

维度	影响因素	影响变量	1	2	3	4	5	6	7
	平台	PT 1 相互信任是协同工作中的重要关系							
		PT 2 信任是可以提高协同工作效率							
		PT 3 协同平台交易是组织协同的重要环节							
		PT 4 协同平台是组织技术交流的重要载体							
		PT 5 协同平台是组织沟通重要手段							
	分配	FP 1 按各组织技术投入进行分配非常必要							
		FP 2 按各组织知识产权价值量进行分配非常必要							
		FP 3 按协同项目总收入进行合理分配非常重要							
		FP 4 按协同项目总利润进行合理分配非常重要							
		FP 5 按协同项目组织间协定分配非常重要							

三、可以表征面向技术融合的核工业组织间协同的因素

请您根据自己了解的实际情况进行回答，各题答案选项以 1～7 分的形式给出，具体表示含义如下：1 表示非常不同意；2 表示不同意；3 表示比较不同意；4 表示不确定；5 表示比较同意；6 表示同意；7 表示非常同意。

维度	因素	影响变量	1	2	3	4	5	6	7
协同	行为	XW 1 企业/组织与伙伴之间为统一的技术方案努力							
		XW 2 企业/组织与伙伴之间合作的契合程度很高							
		XW 3 企业/组织为真正先进技术方案割舍旧方案							
		XW 4 企业/组织与伙伴将国家利益与公司利益兼顾							
	动力	JX 1 通过协同后资源利用率持续提升							
		JX 2 企业/组织与伙伴之间技术一致性持续增强							
		JX 3 协同后技术在建设经济性得到提高							
		JX 4 协同后技术为企业创造更多的收益							
		JX 5 协同后组织间有限竞争局面更为企业认同							
		JX 6 协同后核工业一致对外，产品更具竞争力							

再次感谢您的参与